DIE AUFSEHERIN

DER FALL MARIANNE ESSMANN

LORENZ INGMANN

Impressum

3. Auflage 2025
Copyright © 2025 Lorenz Ingmann
E-Mail: lorenz.ingmann@gmx.net

Umschlaggestaltung und Buchsatz: Lars Hütz, 4h-digital.de
Lektorat: Lektormeister
Josef-Priller-Str. 28, 86159 Augsburg, Deutschland

Verlag: BoD · Books on Demand GmbH, Überseering 33,
22297 Hamburg, bod@bod.de
Druck: Libri Plureos GmbH, Friedensallee 273, 22763
Hamburg
ISBN: 978-3-7557-0844-5

Danksagung

Ich danke allen Mitarbeitern, die mir den Zugang zum Archivmaterial ermöglicht haben.

Mein besonderer Dank gilt Jenny Gohr für ihre tatkräftige Unterstützung bei der Bereitstellung von Archivalien.

Von ganzem Herzen möchte ich außerdem dem Rochlitzer Geschichtsverein für die ausführlichen Hintergrundinformationen danken.

Danksagung

Inhaltsverzeichnis

Einleitung

Dieses Buch ist den Opfern gewidmet, die an einem nahezu vergessenen Standort Zwangsarbeit leisten mussten und deren Arbeitskraft für den Krieg ausgenutzt wurde.

»In gewisser Weise fühlten wir uns wohl. Das Personal behandelte uns besser, aber die Disziplin war extrem hart. Das Essen war ein wenig besser und die Schlafsäle waren natürlich viel besser. Aber wir hatten die ganze Zeit über Angst. Und es gab Aufseherinnen. Aufseherinnen, die in vielerlei Hinsicht schlimmer waren. Wir waren dort ein paar Wochen lang. Es war nicht schlecht, es sollte uns etwas bringen, es war nicht so schlecht. Schlecht war die Kälte und natürlich die ganze Situation.«[1]

So die Erinnerung einer ehemaligen Insassin des KZ-Außenlagers Rochlitz. Dieses Lager war dem KZ Flossenbürg zugerechnet. Unterschied sich das Außenlager Rochlitz tatsächlich von anderen Konzentrationslagern? Waren die Lagerbediensteten dort weniger streng als in anderen Lagern, sodass die Häftlinge weniger Leid erfuhren? Waren die Lagerverhältnisse dort tatsächlich milder? Um sich diesen Fragen zu widmen, soll der Fall der Lagerleiterin Marianne Eßmann

---

[1] KZ-Gedenkstätte Flossenbürg / Medienwerkstatt Franken, Ausschnitt aus dem Interview mit Agi Geva, 2013, frei ins Deutsche übersetzt.

klären, in welchem Ausmaß in diesem Lager Kriegsverbrechen statt-
fanden. Vor allem soll das Verhalten dieser Aufseherin gegenüber den
Häftlingen durch den Prozess um das KZ-Außenlager Rochlitz in den
Fokus rücken, um auf diese Weise die Zustände im Lager zu reflektie-
ren. Schließlich ist über das KZ-Außenlager Rochlitz wenig bekannt.
Es sind nur wenige Archivalien überliefert, und es gibt bisher keine
authentischen historischen Aufnahmen.

Am historischen Standort der Weberei Winkler & Sohn, die
1929 als tragisches Opfer der Weltwirtschaftskrise nach fast 100-
jähriger Tradition und einem Weltruf in der Stadt Rochlitz schließen
musste, siedelte sich ein Tochterunternehmen der Leipziger Pittler
Werke, eine Fabrik zur Herstellung von Werkzeugmaschinen, an.
Rochlitz gehörte damals als Kreisstadt zum Bezirk Leipzig. Bevor
Pittler dort wirkte, war auf dem Gelände bereits seit einigen Jahren
eine NSKK-Motorsportschule eingerichtet. Überliefert ist über das
Ganze nur sehr wenig, aber man erfährt in unregelmäßigen Abstän-
den immer wieder Wissenswertes durch andere Forscher und einige
Erinnerungen von Zeitzeugen und teilweise heute natürlich durch
deren Kinder.[2]

---

[2] Nach den Ausführungen des Rochlitzer Geschichtsvereins e. V.

Abb. 1: Historische Stadtansicht Rochlitz, undatiert

Abb. 2: Motorsportschule N.S.K.K. in den Hallen der ehemaligen
Weberei und späteren Mechanik GmbH, undatiert

3

Pittler gründete hier seine Tochtergesellschaft Mechanik Rochlitz GmbH. Eine Vielzahl von Arbeitnehmern fand in den ehemaligen Webereihallen Beschäftigung, und jungen Menschen wurde ein sicherer, gut ausgestatteter und modernisierter Arbeitsplatz geboten. Dies bedeutete auch einen Zustrom von Facharbeitern nach Rochlitz. Pittler ließ Wohnhäuser für seine Arbeiter und deren Familien bauen.

Die Mechanik GmbH betrieb in der Zeit vom 18. September 1944 bis zum 28. März 1945 in Rochlitz ein Außenlager des KZ Flossenbürg. Mit 200 jüdischen Ungarinnen und einer Russin traf ein Transport aus Auschwitz ein. Im Februar 1945 kamen weitere 200 jüdische Frauen aus Ungarn und Polen, Griechenland, den Niederlanden, Deutschland und Italien aus Bergen-Belsen nach Rochlitz. Dort fertigten die Häftlinge bei der Mechanik GmbH Teile für die Flugzeughydraulik an und leisteten somit Zwangsarbeit. Anfangs waren die Häftlinge in Erdbunkern auf einem Fabrikgelände untergebracht, dann in neu errichteten Baracken mit verhältnismäßig guter Verpflegung. Das Lagerpersonal bestand aus achtzehn Aufsehern und sechzehn Aufseherinnen. Kommandantin war Marianne Eßmann, die nun im Mittelpunkt dieses Buches steht. Todesfälle sind im KZ-Außenlager Rochlitz nicht bekannt. Am 28. März 1945 erfolgte die Verlegung der Häftlinge in das Außenlager Graslitz; von dort aus mussten sie weitermarschieren. Die Rote Armee befreite sie Anfang Mai 1945.[3]

Um eine optimale Lesbarkeit in diesem Buch zu gewährleisten, habe ich sämtliche Zitate in die neue Rechtschreibung überführt und modifiziert, ohne dabei die Authentizität außer Acht zu lassen.

---

[3] Nach den Ausführungen des Rochlitzer Geschichtsvereins e. V.

Der Wortlaut bleibt jedoch unverändert und gibt die protokollierten Aussagen aus der Prozessakte 1:1 wieder. Auf diese Weise wird die strikte Zitierregel umgangen, um keine störenden Fehler in Orthografie und Grammatik übernehmen zu müssen. Diese Methodik stellt jedoch eine Ausnahmesituation dar und entspricht selbstverständlich nicht dem üblichen Umgang mit Zitaten.

Ziel des Buches ist es, eine längst vergessene Verfahrensakte aus dem dunklen Archiv wieder ans Tageslicht zu holen und damit vor dem Vergessen zu bewahren. Auf diese Weise möchte ich einen wichtigen Beitrag zur Erhaltung der Erinnerungskultur leisten. Mit der biografischen Aufarbeitung im Fall Marianne Eßmann rückt nicht nur eine verschollene NS-Täterin in den Fokus, sondern bringt auch den Tatort auf dem Gelände des KZ-Außenlagers Rochlitz zum Sprechen.

Der Autor

Der Fall Marianne
Juliane Eßmann

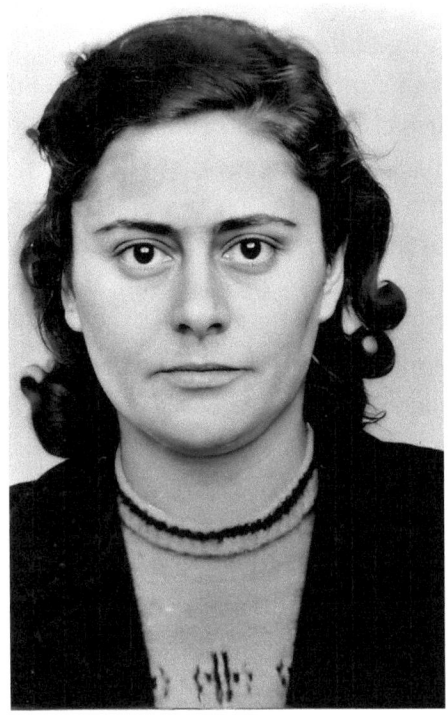

Abb. 3: Marianne Juliane Eßmann, geboren am 30. September 1921 in Köln-Linden-thal, war während des Krieges als Aufseherin im KZ-Außenlager Rochlitz eingesetzt. Zuvor war sie als Bürokraft bei der Mechanik GmbH in Rochlitz tätig. Ihre Rolle im Lager war geprägt von strenger Kontrolle und Disziplinierung der Häftlinge. Aufge-nommen im Polizeigefängnis Chemnitz im Dezember 1947.

Neubeginn nach Kriegsende

Nach Kriegsende bemühte sich Marianne Eßmann, in ihrem erlernten Beruf wieder Fuß zu fassen, und bewarb sich am 4. August 1946 um eine Stelle als Bürokraft bei der ehemaligen Liberal-Demokratischen Partei Deutschlands (LDPD). In ihrer Bewerbung verschwieg sie ihre frühere Position als Erstaufseherin und vor allem den Ort Ravensbrück, wo sie ausgebildet wurde. Das Frauenkonzentrationslager Ravensbrück galt als Ausbildungsstätte für angehende SS-Aufseherinnen und damit auch als Schule der Brutalität. Eßmann versuchte allem Anschein nach, ihre Bewerbung nicht mit den Eigenschaften einer SS-Aufseherin in Verbindung zu bringen, sondern versuchte krampfhaft, ihre berufliche Linie in den Vordergrund zu stellen – um des guten Rufs willen. Dennoch kam sie nicht umhin, ihre Dienstverpflichtung und ihren Umgang mit den eingesetzten Häftlingen im KZ-Außenlager Rochlitz – wenn auch nur beiläufig – zu erwähnen. Sie verschwieg aber ihre tatsächliche Verfügungsgewalt über die Häftlinge und dass ihr Vater Direktor der Mechanik GmbH war. Das Thema Zwangsarbeit blendete sie völlig aus.

Insgesamt stellte sich Eßmann als berufene kaufmännische Verwaltungsangestellte dar, deren Fähigkeiten im NS-System zum Einsatz kamen und sie durch eine Dienstverpflichtung kurzzeitig daran gehindert war, diese Tätigkeit auszuüben. Sie zeigte sich karrierebewusst, wies teilweise egozentrische Charakterzüge auf und betrachtete ihre Tätigkeit als Büroangestellte als Prestigesache. Schließlich führte ihre Bewerbung zum ersehnten Erfolg und brachte ihr eine Anstellung als Stenotypistin.

Aufseherinnen dieser Kategorie, die in Rüstungsindustrien eingesetzt waren, waren sich in der Regel über die Funktion und das Wirken ihrer Verfügungsgewalt gegenüber KZ-Häftlingen oft nicht bewusst. Sie erkannten nicht, dass ihre Mitschuld allein durch die Duldung von Kontrollmechanismen im Rahmen von Zwangsarbeit und Ausbeutung entstand und stellten ihr Verhalten im NS-System auch nach Kriegsende nicht infrage.

---

[4] Vgl. BStU, MfS, BV Karl-Marx-Stadt, C ASt 20/48, Strafakte 1/2.

9

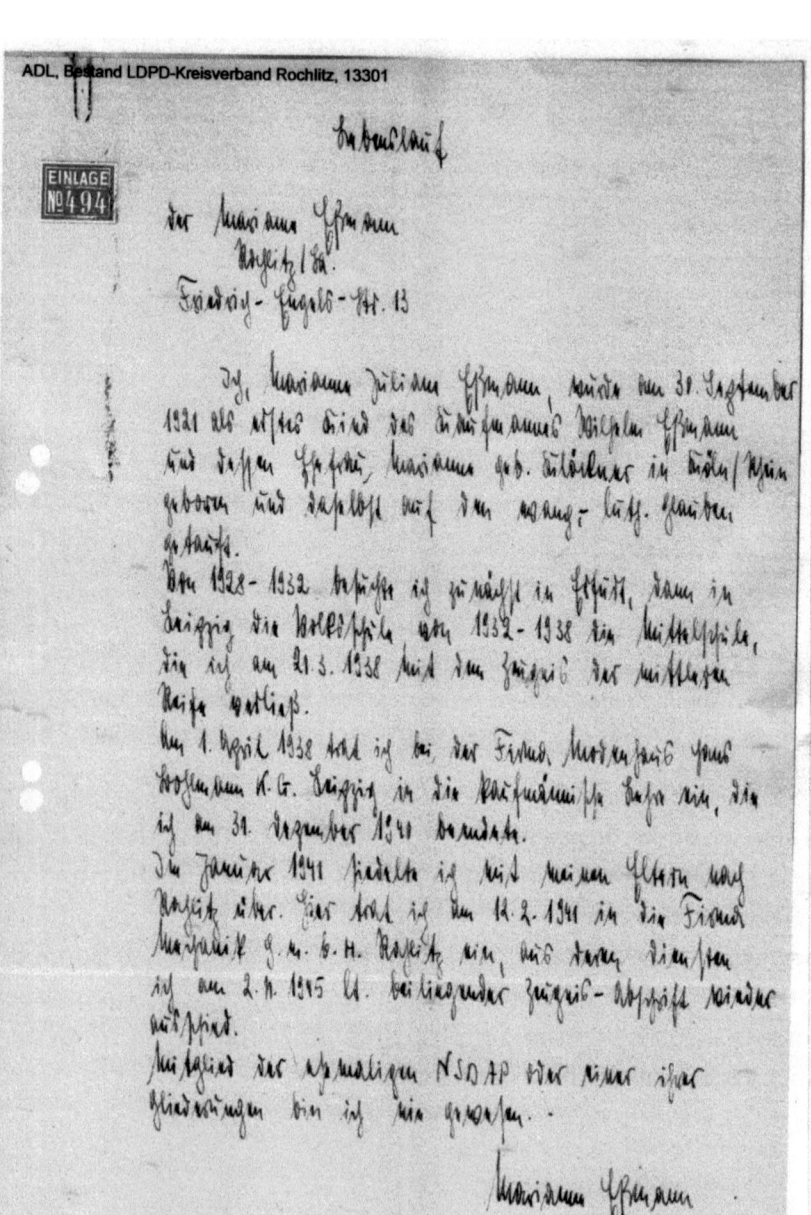

Abb. 5: Lebenslauf von Marianne Eßmann, 4. August 1946

Transkription:

»Lebenslauf

der Marianne Eßmann, Rochlitz/Sachsen.

Friedrich-Engels-Str. 13

Ich, Marianne Juliane Eßmann, wurde am 30. September 1921 als erstes Kind des Kaufmanns Wilhelm Eßmann und dessen Ehefrau, Marianne, geb. Klöckner, in Köln/Rhein geboren und daselbst auf den evang.-luth. Glauben getauft.

Von 1928 [bis] 1932 besuchte ich zunächst in Erfurt, dann in Leipzig die Volksschule, von 1932 [bis] 1938 die Mittelschule, die ich am 21.3.1938 mit dem Zeugnis der Mittleren Reife verließ.

Am 1. April 1938 trat ich bei der Firma Modenhaus Hans Bohlmann K.G. Leipzig in die kaufmännische Lehre ein, die ich am 31. Dezember 1940 beendete.

Im Januar 1941 siedelte ich mit meinen Eltern nach Rochlitz über. Hier trat ich am 12.2.1941 in die Firma Mechanik GmbH Rochlitz ein, aus deren Diensten ich am 2.11.1945 lt. beiliegender Zeugnis-Abschrift wieder ausschied.

Mitglied der ehemaligen NSDAP oder einer ihrer Gliederungen bin ich nie gewesen. [unterzeichnet] Marianne Eßmann.«[5]

---

[5] ADL, Bestand LDPD-Kreisverband Rochlitz, 13301.

Am 4. August 1946 verfasste sie auf einer Schreibmaschine folgendes Bewerbungsschreiben, gerichtet an die Liberal-Demokratische Partei Deutschlands (LDPD) der Ortsgruppe Rochlitz, in der sie auch Parteimitglied war:

»Unter Bezugnahme auf die wiederholten schriftlichen und mündlichen Aufforderungen der Parteileitung, z. Zt. stellenlose Parteiangehörige möchten ihre Bewerbungspapiere einreichen, gestatte auch ich mir, nunmehr der Partei in der Anlage zu überreichen: 1.) Lebenslauf, 2.) Zeugnisabschriften.

Ich wäre Ihnen besonders dankbar, wenn Sie mir in absehbarer Zeit eine geeignete Beschäftigung als Kontoristin und Stenotypistin bei einer Dienststelle der Partei oder u. U. in einem geeigneten Unternehmen vermitteln würden.

Mit Rücksicht darauf, dass ich mir anlässlich meiner Dienstverpflichtung zu einer Dienststelle der SS eine Erkrankung zugezogen habe, an deren Folgen ich zeitweise noch zu leiden habe und die infolgedessen ambulanter ärztlicher Behandlung bedarf, und zuletzt auch mit Rücksicht auf die bekannten Ernährungsverhältnisse wäre es mir erwünscht, wenn ich in Rochlitz selbst oder in unmittelbarer, leicht erreichbarer Nähe von Rochlitz untergebracht werden könnte.

Obschon die Vorgänge anlässlich meiner, trotz meines Einspruches erfolgten Dienstverpflichtung zur SS bei der Partei bekannt sind, gestatte ich mir, höflichst auf Folgendes noch hinzuweisen: Ich bin während meiner erzwungenen Dienstverpflichtung zur SS ausschließlich mit Verwaltungsaufgaben betraut gewesen.

So unterstand mir ohne Einschränkung die büromäßige Verwaltung des seinerzeit bei der Firma Mechanik GmbH, Rochlitz, eingerichteten Umschulungslagers für weibliche KZ-Häftlinge. Durch wiederholte Vernehmungen, Protokolle usw. ist zweifelsfrei erhärtet, dass ich mit den Häftlingen selbst kaum in persönliche Berührung gekommen bin und mit disziplinären Maßnahmen gegenüber den Häftlingen überhaupt nichts zu tun hatte.

Trotzdem hat sich diese Dienstverpflichtung im Laufe eines Jahres insoweit nachteilig für mich ausgewirkt, dass es mir nicht gelungen ist, eine mir zumutbare Beschäftigung in meinem erlernten Berufe zu erhalten. Der frühere Leiter des Arbeitsamtes Rochlitz, Herr Starke, hat sogar nichts dabei gefunden, meinem Vater zu erklären, es sei ihm gleich, wie er mich als seine Tochter in Zukunft durchbringen würde.

Sie werden verstehen, dass ich mich mit einer derartigen Behandlung auf die Dauer nicht abfinden kann. Mein Standpunkt entspringt nicht nur materiellen Überlegungen, sondern er findet seine Begründung auch sehr stark darin, dass ich mich mit Recht anderen Volksgenossen gegenüber unverdienterweise zurückgesetzt fühle. Ich habe festgestellt, dass ehemalige aktive Angehörige der NSDAP, die im Gegensatz zu mir politisch stärkstens belastet sind, mithilfe kommunistischer bzw. sozialdemokratischer Kreise in Lohn und Brot gebracht wurden – z. B. im Büro der SED und bei der Volkssolidarität –, während mir dieses bisher versagt blieb. Wenn ich die Skrupellosigkeit anderer Menschen besäße, würde ich mich als unmittelbares Opfer des Faschismus betrachten.

Zum Schlusse gestatte ich mir zu bemerken, dass ich mich bereits seit längerer Zeit im Besitz der Unbedenklichkeitsbescheinigung der Partei aufgrund des Beschlusses des Blockes der antifaschistischen Parteien vom 30.10.1945 befinde.

Ich hoffe zuversichtlich, dass die Partei über kurz oder lang in der Lage sein wird, mir zu helfen. Die Entwicklung hat dazu geführt, dass die Vermittlung einer angemessenen Stelle für mich fast zu einer Prestigefrage für die Liberal-Demokratische Partei geworden ist.«[6]

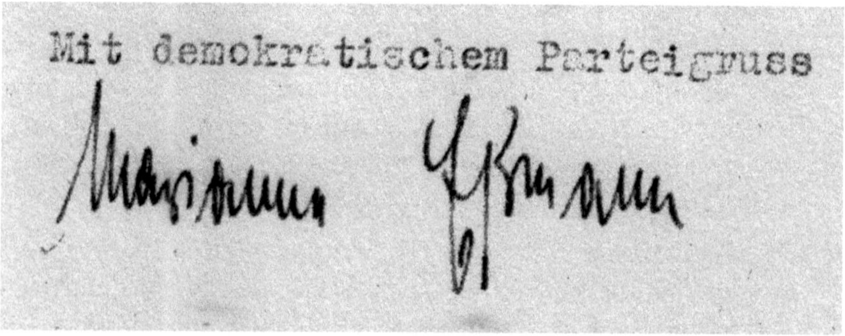

Abb. 6: Unterschrift, 4. August 1946

---

[6] ADL, Bestand LDPD-Kreisverband Rochlitz, 13301.

Verdacht auf Kriegsverbrechen im KZ-Außenlager Rochlitz: Ermittlungen und Vernehmungen

Nachdem Eßmann mehr als ein Jahr lang als Büroangestellte bei der LDPD in Rochlitz beschäftigt gewesen war, holte sie ihre Vergangenheit wieder ein. Am 7. November 1947 leitete das Kriminalamt Leipzig ein Ermittlungsverfahren gegen sie ein, da sie im Verdacht stand, als Aufseherin des Außenlagers Rochlitz Häftlinge misshandelt zu haben. Die Kriminaldienststelle forderte sodann einen Auszug aus dem Strafregister an und erwirkte am 29. November 1947 einen Haftbefehl, der am 5. Dezember 1947 in Kraft trat. Daraufhin kam sie in Untersuchungshaft in das Polizeigefängnis Chemnitz.

Landesregierung Sachsen
Ministerium des Innern
– Polizeiabteilung –

Rochlitz , 7. 11. 1947.

Kriminalamt Leipzig
Kriminaldienststelle
– R o c h l i t z –
Aktz.: 5-3-38/2/47/201

Betr.: **Feststellungsergebnis** gemäß § 2 der Durchführungsbestimmungen des Chefs der Polizei im Land Sachsen zu den Ausführungsbestimmungen der DVdI zum Befehl Nr. 201.

An [1])
KD. Rochlitz

Auf Grund [2]) des Kontrollratgesetzes Nr. 10 Abschn. II, Art.II Ziffer 2 b und 2 d und Zeugenaussagen

wurde festgestellt, daß

Familienname:	E ß m a n n
Vornamen:	Marianne Juliane
Geburtstag und -ort:	30.9.21 in Köln-Lindenthal
Beruf:	kaufm. Angestellte
Familienstand:	ledig
Anzahl der Kinder:	keine
Wohnort:	Rochlitz
Straße:	Friedrich-Engels-Str. 13
Jetziger Aufenthalt:	Rochlitz Fr.-Engels-Str.13

gemäß Befehl Nr. 201 der SMAD in Verbindung mit dem Anhang A zur Direktive Nr. 38 des Alliierten Kontrollrates einer sorgfältigen Überprüfung bedarf.

Die bisherigen Unterlagen, die in der Anlage beigefügt sind, erbringen den Beweis — rechtfertigen die Vermutung [3]) —, daß [4]) die Eßmann SS-Helferin im KZ-Zweiglager Rochlitz war. In ihrer Eigenschaft als Lagerführerin wird vermutet, daß sie Häftlinge mißhandelt hat.

Unterschrift
Winkler [9])
Ob.-Kfzm.
Dienstrang

Dienstsiegel

Anmerkungen:
[1]) Das Feststellungsergebnis ist auf dem Dienstwege an die Abteilung K 5 der zuständigen Kriminaldienststelle bzw. an das Kommissariat K 5 des zuständigen Kriminalamtes zu richten.
Die Zwischendienststellen haben das Feststellungsergebnis sowie die Unterlagen zu überprüfen und das bei ihnen vorhandene zusätzliche Belastungsmaterial vor der Weiterleitung an die nächsthöhere Dienststelle dem Vorgang beizuheften.
[2]) Hier ist anzugeben, aus welchen Unterlagen sich die Feststellung ergibt.
[3]) Nichtzutreffendes ist durchzustreichen.
[4]) Hier sind unter Angabe von Ort, Zeit, Rang bzw. Dienststellung die Organisationen, denen er angehörte bzw. sonstige Anhaltspunkte für die Belastung zu vermerken.
[5]) Name des Unterschreibenden zusätzlich in Maschinen- bzw. Blockschrift.
[6]) Hier sind die der Zwischendienststelle zusätzlich bekannten Belastungen zu vermerken.

Ss 2/47.

05 00 LKA. 106. 10. 47. 50.9

Abb. 7: Feststellungen der Polizeidienststelle vom 7. November 1947, an die sich weitere Untersuchungen anschließen sollten.[7]

---

[7] Vgl. BStU, MfS, BV Karl-Marx-Stadt, C ASt 20/48, Strafakte 1/2.

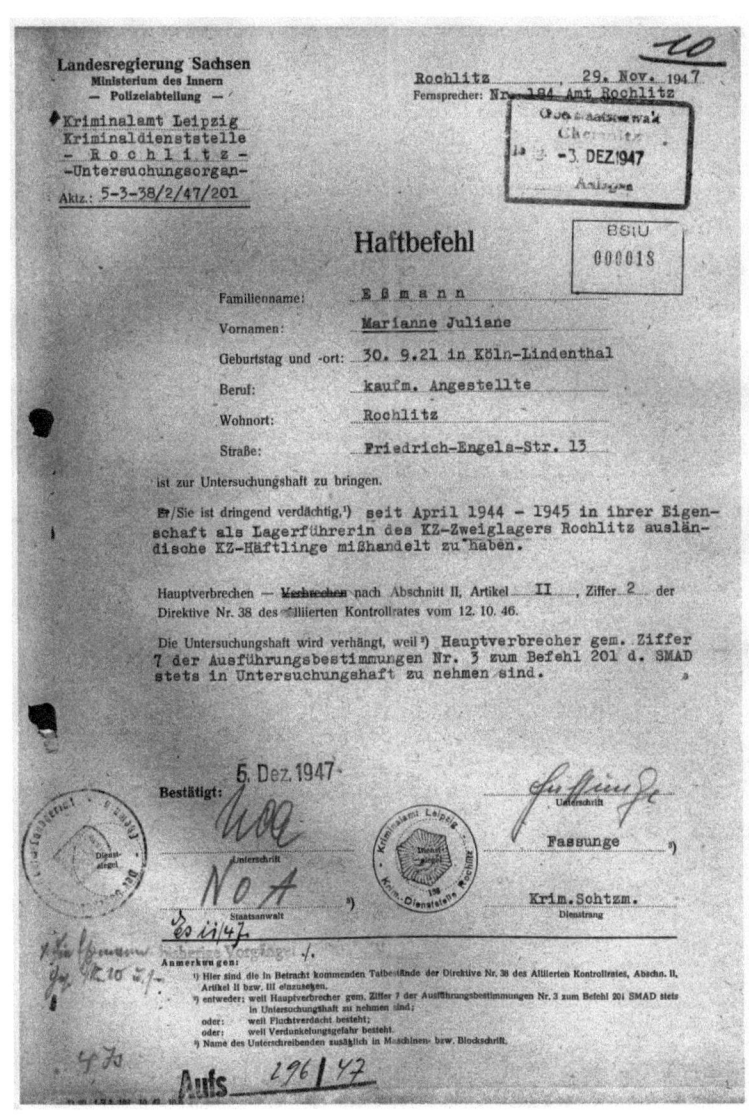

Landesregierung Sachsen
Ministerium des Innern
— Polizeiabteilung —

Kriminalamt Leipzig
Kriminaldienststelle
- R o c h l i t z -
-Untersuchungsorgan-
Akiz.: 5-3-38/2/47/201

Rochlitz_____, 29. Nov. 1947
Fernsprecher: Nr. 184 Amt Rochlitz

-3. DEZ.1947

Haftbefehl

Familienname: E ß m a n n
Vornamen: Marianne Juliane
Geburtstag und -ort: 30. 9.21 in Köln-Lindenthal
Beruf: kaufm. Angestellte
Wohnort: Rochlitz
Straße: Friedrich-Engels-Str. 13

ist zur Untersuchungshaft zu bringen.

Er/Sie ist dringend verdächtig,¹⁾ seit April 1944 – 1945 in ihrer Eigenschaft als Lagerführerin des KZ-Zweiglagers Rochlitz ausländische KZ-Häftlinge mißhandelt zu haben.

Hauptverbrechen — Verbrechen nach Abschnitt II, Artikel II , Ziffer 2 der
Direktive Nr. 38 des alliierten Kontrolrates vom 12. 10. 46.

Die Untersuchungshaft wird verhängt, weil²⁾ Hauptverbrecher gem. Ziffer
7 der Ausführungsbestimmungen Nr. 3 zum Befehl 201 d. SMAD
stets in Untersuchungshaft zu nehmen sind.

Bestätigt: 5. Dez. 1947

                                              Unterschrift

                                              Fassunge   ⁹⁾

                                              Krim.Sohtzm.
                                              Dienstrang

Anmerkungen:
  ¹) Hier sind die in Betracht kommenden Tatbestände der Direktive Nr. 38 des Alliierten Kontrolrates, Abschn. II,
     Artikel II bzw. III einzusetzen.
  ²) entweder: weil Hauptverbrecher gem. Ziffer 7 der Ausführungsbestimmungen Nr. 3 zum Befehl 201 SMAD stets
     in Untersuchungshaft zu nehmen sind;
  oder: weil Fluchtverdacht besteht;
  oder: weil Verdunkelungsgefahr besteht.
  ⁹) Name des Unterschreibenden zusätzlich in Maschinen- bzw. Blockschrift.

Abb. 8: Haftbefehl vom 29. November 1947, bestätigt am 5. Dezember 1947.[8]

---

[8] Vgl. BStU, MfS, BV Karl-Marx-Stadt, C ASt 20/48, Strafakte 1/2.

Am 9. Dezember 1947 begab sich Eßmann zu einer fachärztlichen Untersuchung in das Stadtkrankenhaus Rochlitz, da sie unter verstärkten Blutungen litt. Laut Befund galt sie als haftfähig:

»Der von mir untersuchte Häftling leidet zurzeit an verstärkter Periodenblutung. Der Untersuchungsbefund ergab an der linken Unterleibsregion eine mäßige, narbige Verdickung ohne nennenswerte Entzündungserscheinungen. Sonst findet sich eine mäßige Druckempfindlichkeit der Gebärmutter, bei normaler Lage derselben. Die Druckempfindlichkeit der Gebärmutter ist auf die zurzeit bestehende Periodenblutung zurückzuführen und als kein nennenswerter krankheitlicher Befund zu bezeichnen. Die Temperatur betrug bei der Darmmessung 37° (normal). Der Allgemeinzustand ist über dem Durchschnitt der heutigen Zivilbevölkerung.

Vorschlag: Bei einigermaßen gewärmtem Zimmer besteht zurzeit nach meinem Untersuchungsbefund Haftfähigkeit.

Die Patientin erhielt von mir eine Einspritzung gegen die verstärkte Blutung.

Ich empfehle Ruhe, die meiner Ansicht nach in der Haft gegeben sein dürfte.

Die Kurzwellenbestrahlungen halte ich bei der jetzigen Neigung zur verstärkten Periodenblutung nicht angezeigt.

Sollten sich die Beschwerden verschlimmern, halte ich eine Nachuntersuchung in drei bis vier Tagen für erforderlich.«[9]

Während Eßmann in Untersuchungshaft saß, fanden in der Zeit vom 11. bis 15. Dezember 1947 die ersten Vernehmungen statt. Dabei waren Tatsachen von Mutmaßungen oder Aussagen Dritter abzugrenzen. Auffallend hierbei ist, dass kein einziger ehemaliger KZ-Häftling als Zeuge in Erscheinung trat, der Eßmann hätte belasten können. Sämtliche Zeugen waren Angehörige des Lagerpersonals, und einige von ihnen lieferten belastendes Material, das Eßmann als strenge und überhebliche Lagerführerin erscheinen ließ, die Häftlinge antrieb und dabei auch Gewalt ausübte.

---

[9] BStU, MfS, BV Karl-Marx-Stadt, C ASt 20/48, Strafakte 1/2. Untersuchungsbefund vom 9. Dezember 1947.

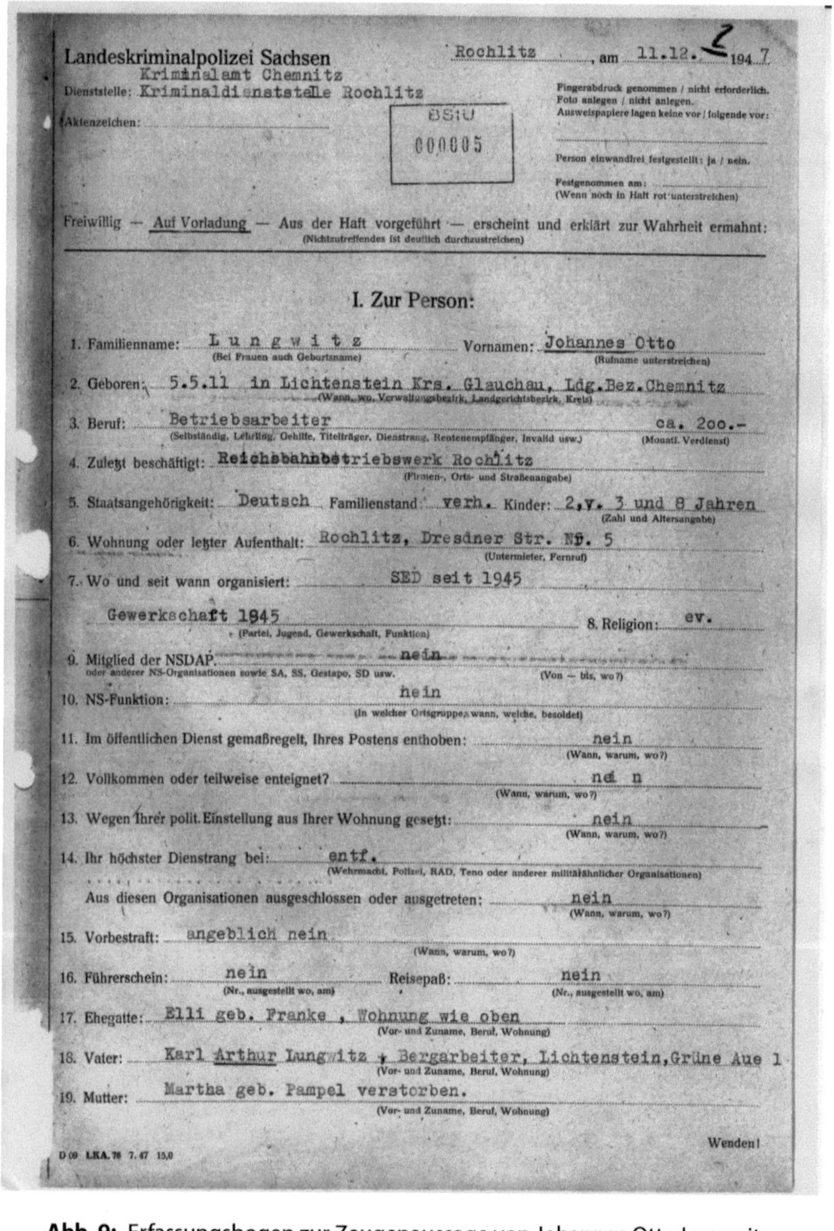

Landeskriminalpolizei Sachsen
Kriminalamt Chemnitz
Dienststelle: Kriminaldienststelle Rochlitz

(Aktenzeichen):

Rochlitz , am 11.12. 194 7

Fingerabdruck genommen / nicht erforderlich.
Foto anlegen / nicht anlegen.
Ausweispapiere lagen keine vor / folgende vor:

Person einwandfrei festgestellt: ja / nein.

Festgenommen am :
(Wenn noch in Haft rot unterstreichen)

Freiwillig — Auf Vorladung — Aus der Haft vorgeführt — erscheint und erklärt zur Wahrheit ermahnt:
(Nichtzutreffendes ist deutlich durchzustreichen)

I. Zur Person:

1. Familienname: **L u n g w i t z**   Vornamen: Johannes Otto
(Bei Frauen auch Geburtsname)   (Rufname unterstreichen)

2. Geboren: 5.5.11 in Lichtenstein Krs. Glauchau, Ldg.Bez.Chemnitz
(Wann, wo, Verwaltungsbezirk, Landgerichtsbezirk, Kreis)

3. Beruf: Betriebsarbeiter   ca. 200.-
(Selbständig, Lehrling, Gehilfe, Titelträger, Dienstrang, Rentenempfänger, Invalid usw.)   (Monatl. Verdienst)

4. Zuletzt beschäftigt: Reichsbahnbetriebswerk Rochlitz
(Firmen-, Orts- und Straßenangabe)

5. Staatsangehörigkeit: Deutsch Familienstand: verh. Kinder: 2,v. 3 und 8 Jahren
(Zahl und Altersangabe)

6. Wohnung oder letzter Aufenthalt: Rochlitz, Dresdner Str. Nr. 5
(Untermieter, Fernruf)

7. Wo und seit wann organisiert: SED seit 1945

   Gewerkschaft 1945   8. Religion: ev.
(Partei, Jugend, Gewerkschaft, Funktion)

9. Mitglied der NSDAP: nein
oder anderer NS-Organisationen sowie SA, SS, Gestapo, SD usw.   (Von — bis, wo?)

10. NS-Funktion: nein
(In welcher Ortsgruppe, wann, welche, besoldet)

11. Im öffentlichen Dienst gemaßregelt, Ihres Postens enthoben: nein
(Wann, warum, wo?)

12. Vollkommen oder teilweise enteignet? nei n
(Wann, warum, wo?)

13. Wegen Ihrer polit. Einstellung aus Ihrer Wohnung gesetzt: nein
(Wann, warum, wo?)

14. Ihr höchster Dienstrang bei: entf.
(Wehrmacht, Polizei, RAD, Teno oder anderer militärähnlicher Organisationen)

   Aus diesen Organisationen ausgeschlossen oder ausgetreten: nein
(Wann, warum, wo?)

15. Vorbestraft: angeblich nein
(Wann, warum, wo?)

16. Führerschein: nein   Reisepaß: nein
(Nr., ausgestellt wo, am)   (Nr., ausgestellt wo, am)

17. Ehegatte: Elli geb. Franke , Wohnung wie oben
(Vor- und Zuname, Beruf, Wohnung)

18. Vater: Karl Arthur Lungwitz + Bergarbeiter, Lichtenstein,Grüne Aue 1
(Vor- und Zuname, Beruf, Wohnung)

19. Mutter: Martha geb. Pampel verstorben.
(Vor- und Zuname, Beruf, Wohnung)

Wenden!

D 09 LKA. 76 7. 47 15,0

Abb. 9: Erfassungsbogen zur Zeugenaussage von Johannes Otto Lungwitz,
Betriebsarbeiter, 11. Dezember 1947

»Von 1939 [an] war ich als Schleifer in der Mechanik beschäftigt. Im Jahre 1943 wurde ich zum Umschulungswerk der Mechanik abkommandiert, wo ich als Einrichter tätig war. Es kann im Sept[ember] 1944 gewesen sein, als die Frauen und Mädchen (jüdische Häftlinge) im Lager Rochlitz ankamen. Während meiner Tätigkeit in der Umschulung bin ich mit verschiedenen Frauen des Schutzlagers in Berührung gekommen. Besonders ungarische Häftlinge beschwerten sich wiederholt, dass sie [im] Verhältnis zu den polnischen bedeutend weniger Essenszuteilung erhielten. Trotz wiederholtem Vorstelligwerden des Meisters Möckel, diese unterschiedliche Beköstigung der Häftlinge abzustellen, wurde dieser seitens der Eßmann nicht nachgekommen. Durch die ungerechte Lebensmittelzuteilung seitens der Eßmann bestand eine große Empörung gegen dieselbe. Es führte andererseits dazu, dass in einem Falle, der mir bekannt ist, durch diese Schmälerung der Kost eine Ungarin vor Hunger umfiel. Weiterhin ist mir genauestens in Erinnerung geblieben, dass wiederholt Häftlinge auf Anordnung der Eßmann wegen geringfügiger Vergehen bei Wind und Wetter, trotz mangelnder Bekleidung, von morgens früh [...] bis abends spät im Freien stillstehen mussten.

An manchen Tagen mussten [sich] 5–6 Häftlinge auf diese Weise an den Drahtzaun stellen; dabei war es ihnen strengstens verboten, sich zu rühren. Weiterhin ist mir bekannt, dass an einem Tage Schlacken angefahren wurden, zur Ausbesserung der Lagerwege. Hierbei mussten die Häftlinge die Schlacke mit den Essschüsseln an den Bestimmungsort tragen. Ob die Eßmann dazu die Anweisung gegeben hat, kann ich nicht sagen, jedoch ist [es] ganz erklärlich, dass die Eßmann als Lagerleiterin wissen musste, was sich in ihrem Lager abspielte, und trägt daher auch die Verantwortung.

Weiterhin beschwerte sich eine Ungarin darüber, dass sie von der Eßmann mit dem Fuß in das Hinterteil getreten wurde. Weiterhin ist mir bekannt, dass sich die Häftlinge nach Arbeitsschluss nicht mit warmem Wasser waschen durften, obwohl dieses vorhanden war. Auch dies ist meiner Ansicht nach eine Härte, für die die Eßmann verantwortlich zu machen ist, da sie ja die Leitung hatte.

Weitere Fälle hierzu kann ich nicht angeben. Ich habe die reine Wahrheit gesagt und bestätige dies mit meiner Unterschrift.

Mir wurde Gelegenheit gegeben, meine gemachten Angaben selbst zu lesen, um eventuelle Abänderungen vornehmen lassen zu können.«[10]

---

[10] BStU, MfS, BV Karl-Marx-Stadt, C ASt 20/48, Strafakte 1/2, Aussage von Johannes Otto Lungwitz, 11. Dezember 1947.

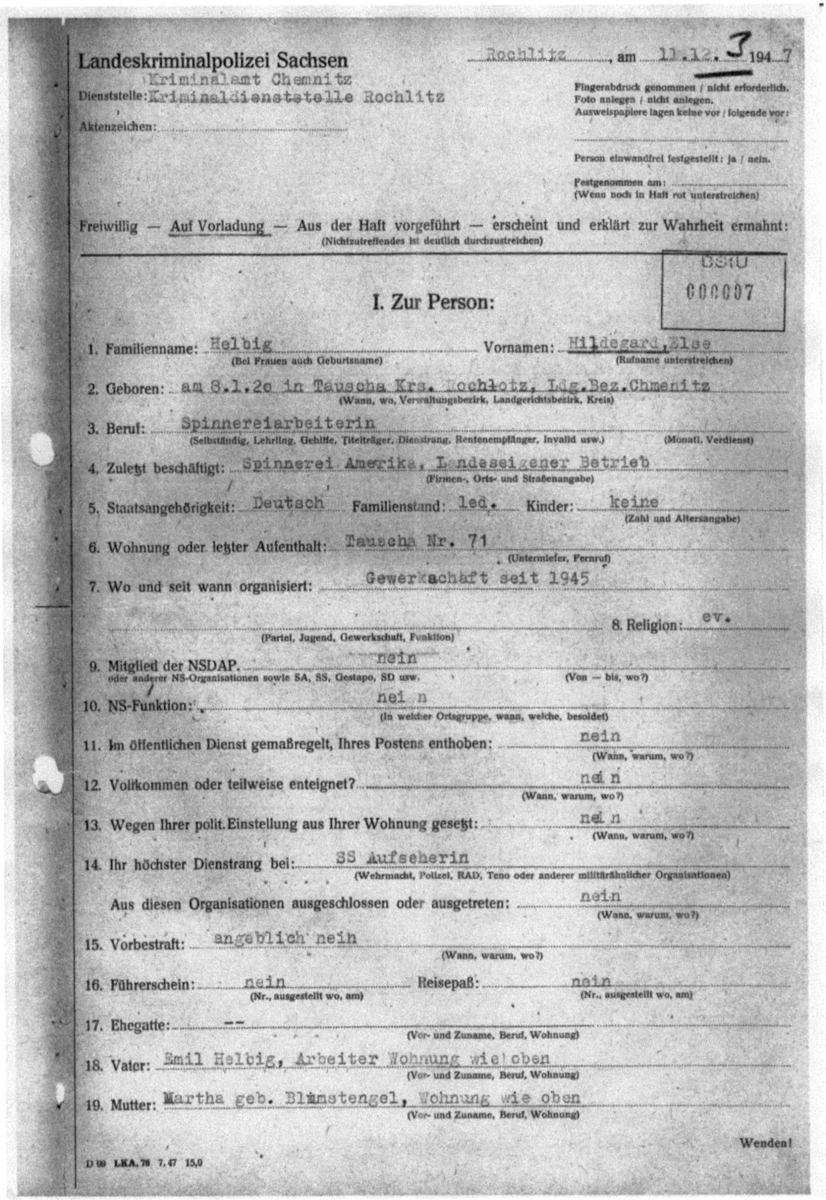

Landeskriminalpolizei Sachsen
Dienststelle: Kriminalamt Chemnitz
Kriminaldienststelle Rochlitz

Aktenzeichen: _____

Rochlitz, am 11.12. 3 194 7

Fingerabdruck genommen / nicht erforderlich.
Foto anlegen / nicht anlegen.
Ausweispapiere lagen keine vor / folgende vor:

Person einwandfrei festgestellt: ja / nein.

Festgenommen am:
(Wenn noch in Haft rot unterstreichen)

Freiwillig — Auf Vorladung — Aus der Haft vorgeführt — erscheint und erklärt zur Wahrheit ermahnt:
(Nichtzutreffendes ist deutlich durchzustreichen)

DS4U
000007

I. Zur Person:

1. Familienname: Helbig
   (Bei Frauen auch Geburtsname)
   Vornamen: Hildegard,Else
   (Rufname unterstreichen)

2. Geboren: am 8.1.20 in Tauscha Krs. Rochlotz, Ldg.Bez.Chmenitz
   (Wann, wo, Verwaltungsbezirk, Landgerichtsbezirk, Kreis)

3. Beruf: Spinnereiarbeiterin
   (Selbständig, Lehrling, Gehilfe, Titelträger, Dienstrang, Rentenempfänger, Invalid usw.)   (Monatl. Verdienst)

4. Zuletzt beschäftigt: Spinnerei Amerika, Landeseigener Betrieb
   (Firmen-, Orts- und Straßenangabe)

5. Staatsangehörigkeit: Deutsch   Familienstand: led.   Kinder: keine
   (Zahl und Altersangabe)

6. Wohnung oder letzter Aufenthalt: Tauscha Nr. 71
   (Untermieter, Fernruf)

7. Wo und seit wann organisiert: Gewerkschaft seit 1945
   (Partei, Jugend, Gewerkschaft, Funktion)

8. Religion: ev.

9. Mitglied der NSDAP. nein
   oder anderer NS-Organisationen sowie SA, SS, Gestapo, SD usw.   (Von — bis, wo?)

10. NS-Funktion: nei n
    (In welcher Ortsgruppe, wann, welche, besoldet)

11. Im öffentlichen Dienst gemaßregelt, Ihres Postens enthoben: nein
    (Wann, warum, wo?)

12. Vollkommen oder teilweise enteignet? nei n
    (Wann, warum, wo?)

13. Wegen Ihrer polit. Einstellung aus Ihrer Wohnung gesetzt: nei n
    (Wann, warum, wo?)

14. Ihr höchster Dienstrang bei: SS Aufseherin
    (Wehrmacht, Polizei, RAD, Teno oder anderer militärähnlicher Organisationen)

    Aus diesen Organisationen ausgeschlossen oder ausgetreten: nein
    (Wann, warum, wo?)

15. Vorbestraft: angeblich nein
    (Wann, warum, wo?)

16. Führerschein: nein   Reisepaß: nein
    (Nr., ausgestellt wo, am)   (Nr., ausgestellt wo, am)

17. Ehegatte: --
    (Vor- und Zuname, Beruf, Wohnung)

18. Vater: Emil Helbig, Arbeiter Wohnung wie oben
    (Vor- und Zuname, Beruf, Wohnung)

19. Mutter: Martha geb. Blumstengel, Wohnung wie oben
    (Vor- und Zuname, Beruf, Wohnung)

Wenden!

D 10 LKA.76 7.47 15,0

Abb. 10: Erfassungsbogen zur Zeugenaussage der ehemaligen
Aufseherin Hildegard Ilse Helbig, 11. Dezember 1947

23

»Von 1942 bis August 1944 war ich in der Firma Mechanik Rochlitz tätig.

Von dieser Zeit [an] wurde ich mit noch anderen Mädels zur Waffen-SS als Aufseherin zur Ausbildung in das KZ-Lager Ravensbrück verpflichtet. Auftragsgemäß fuhren wir nach Ravensbrück und wurden dort von der Lagerleitung in Arbeitskommandos eingeteilt.

Unter diesen Verpflichteten befand sich auch Frl. Eßmann, die im Lager Ravensbrück im Büro angestellt wurde. Am nächsten Tag unserer Ankunft im KZ-Lager wurden wir mit der Lagerordnung vertraut gemacht und belehrt, wie wir uns den Schutzhäftlingen gegenüber zu verhalten haben.

Nach ungefähr 4 Wochen wurden wir Rochlitzer zusammengerufen und erhielten den Bescheid, dass wir nach Rochlitz zurückmüssen, zur Übernahme der Aufsicht über die neugemeldeten 200 jüdischen Häftlinge, die in das neue Lager Rochlitz, welches die Mechanik unterhielt, kommen sollten. Unter der Leitung des Frl. Eßmann wurden sofort nach Ankunft in Rochlitz die Vorbereitungen zum Empfang der 200 Häftlinge getroffen.

Da Frl. Eßmann Lagerleiterin war, standen ihr die Abstrafungen der Häftlinge gegen sämtliche Vergehen der Lagerordnung zu. Insbesondere wandte die Eßmann nachfolgende Abstrafungsmethoden an: Einmal Kostentzug, dieser belief sich auf die Hauptmahlzeit, auch verhängte sie Strafen, im Freien zu stehen. Die Zeit war oft stundenlang bis zu einem Tage, ohne Rücksicht auf die Bekleidung und Witterungsverhältnisse. Auch mir ist bekannt, dass eines Tages Schlacke bzw. Koks[11] angefahren wurde; dieser musste von den Häftlingen an den Bestimmungsort getragen werden. Diese Anweisung gab die Lagerleiterin Eßmann.

Ich möchte noch bemerken, dass mir zwei Fälle bekannt sind, [in denen] Strafen verhängt wurden. Der eine Fall trug sich in meiner Abteilung zu, in der einer Gefangenen das Brot entzogen wurde. Warum eigentlich, kann ich heute nicht mehr sagen. Der andere Fall war einmal, als eine Gefangene im Freien stehen musste, es [waren] Stunden gewesen, weil sie eine Äußerung getan [hatte]. Um was für eine Äußerung es sich gehandelt hat, kann ich auch nicht mehr angeben.

Weitere Aussagen hierzu kann ich nicht machen. Ich habe die reine Wahrheit gesagt und bestätige dies mit meiner Unterschrift.

Ich hatte Gelegenheit, meine hier gemachten Angaben selbst zu lesen, um eventuelle Abänderungen vornehmen lassen zu können.«[12]

»Nachsatz: Bei dem Herbeitragen des Kokses benutzten die Häftlinge Schüsseln, die teils zum Waschen und teils zum Essen benutzt wurden.«[13]

---

[11] Aus Kohle durch Hitzeeinwirkung unter Ausschluss von Sauerstoff (Pyrolyse) hergestellter poröser, stark kohlenstoffhaltiger Brennstoff.

[12] BStU, MfS, BV Karl-Marx-Stadt, C ASt 20/48, Strafakte 1/2, Hildegard Ilse Helbig, 11. Dezember 1947.

[13] Ebd.

Abb. 11: Im KZ-Außenlager Rochlitz waren außerdem die beiden Aufseherinnen Ilse Schmidt (links) und Hilde Dangriess (rechts) tätig. Beide belasteten die Beschuldigte Eßmann ebenfalls schwer. Undatierte Aufnahme.

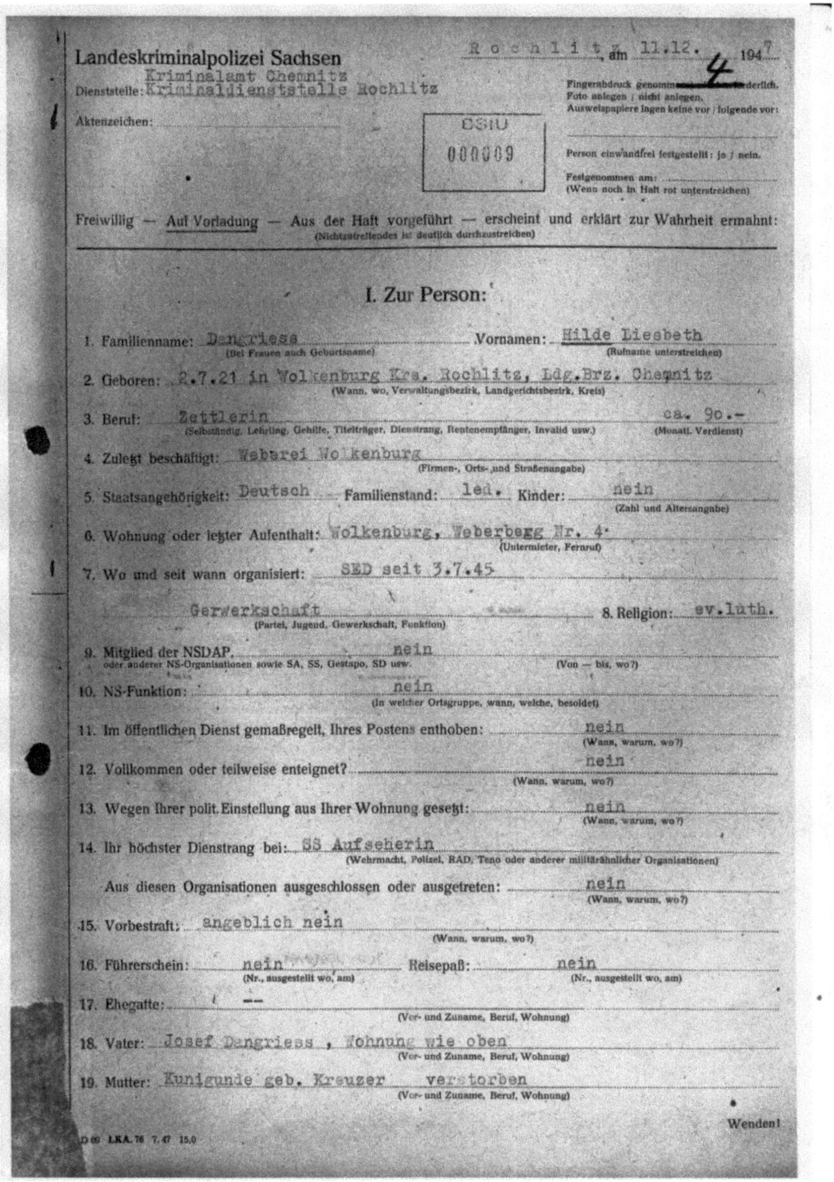

R o c h l i t z, am 11.12. 194 7

Kriminalamt Chemnitz

Dienststelle: Kriminaldienststelle Rochlitz

Fingerabdruck genommen / nicht erforderlich.
Foto anlegen / nicht anlegen.
Ausweispapiere lagen keine vor / folgende vor:

Aktenzeichen: _____

CSIU

000009

Person einwandfrei festgestellt: ja / nein.

Festgenommen am: _____
(Wenn noch in Haft rot unterstreichen)

Freiwillig — Auf Vorladung — Aus der Haft vorgeführt — erscheint und erklärt zur Wahrheit ermahnt:
(Nichtzutreffendes ist deutlich durchzustreichen)

I. Zur Person:

1. Familienname: Dangriess _____ Vornamen: Hilde Liesbeth
(Bei Frauen auch Geburtsname) _____ (Rufname unterstreichen)

2. Geboren: 2.7.21 in Wolkenburg Krs. Rochlitz, Ldg.Brz. Chemnitz
(Wann, wo, Verwaltungsbezirk, Landgerichtsbezirk, Kreis)

3. Beruf: Zettlerin _____ ca. 90.—
(Selbständig, Lehrling, Gehilfe, Titelträger, Dienstrang, Rentenempfänger, Invalid usw.) (Monatl. Verdienst)

4. Zuletzt beschäftigt: Weberei Wolkenburg
(Firmen-, Orts- und Straßenangabe)

5. Staatsangehörigkeit: Deutsch _____ Familienstand: led. Kinder: nein
(Zahl und Altersangabe)

6. Wohnung oder letzter Aufenthalt: Wolkenburg, Weberberg Nr. 4
(Untermieter, Fernruf)

7. Wo und seit wann organisiert: SED seit 3.7.45

Gewerkschaft _____ 8. Religion: ev.luth.
(Partei, Jugend, Gewerkschaft, Funktion)

9. Mitglied der NSDAP, _____ nein
oder anderer NS-Organisationen sowie SA, SS, Gestapo, SD usw. (Von — bis, wo?)

10. NS-Funktion: nein
(In welcher Ortsgruppe, wann, welche, besoldet)

11. Im öffentlichen Dienst gemaßregelt, Ihres Postens enthoben: nein
(Wann, warum, wo?)

12. Vollkommen oder teilweise enteignet? nein
(Wann, warum, wo?)

13. Wegen Ihrer polit. Einstellung aus Ihrer Wohnung gesetzt: nein
(Wann, warum, wo?)

14. Ihr höchster Dienstrang bei: SS Aufseherin
(Wehrmacht, Polizei, RAD, Teno oder anderer militärähnlicher Organisationen)

Aus diesen Organisationen ausgeschlossen oder ausgetreten: nein
(Wann, warum, wo?)

15. Vorbestraft: angeblich nein
(Wann, warum, wo?)

16. Führerschein: nein _____ Reisepaß: nein
(Nr., ausgestellt wo, am) (Nr., ausgestellt wo, am)

17. Ehegatte: —
(Vor- und Zuname, Beruf, Wohnung)

18. Vater: Josef Dangriess , Wohnung wie oben
(Vor- und Zuname, Beruf, Wohnung)

19. Mutter: Kunigunde geb. Kreuzer verstorben
(Vor- und Zuname, Beruf, Wohnung)

Wenden!

D 69 LKA. 76 7. 47 15.0

Abb. 12: Erfassungsbogen zur Zeugenaussage der ehemaligen Aufseherin Hilde Liesbeth Dangriess, 11. Dezember 1947

»Am 18.7.41 wurde ich durch das Arbeitsamt Burgstädt nach der Mechanik Rochlitz dienstverpflichtet und tat dort meinen Dienst als Kontrolleurin.

Am 20.8.44 wurde ich durch die Firma als Aufseherin in [dem] KZ-Lager Ravensbrück dienstverpflichtet.

Am anderen Tage unseres Eintreffens wurden wir [eingehend] darüber belehrt, wie wir uns gegenüber den Schutzhäftlingen zu verhalten haben und wurden den Arbeitskommandos zugeteilt.

Bei der Untersuchung, die am gleichen Tage der Ankunft in Ravensbrück stattfand, war [...] unter anderem [auch] Frl. Eßmann anwesend.

Nachdem wir dort etwa 4 Wochen Dienst getan hatten, wurden wir Anfang September 44 zusammengerufen und man erklärte uns, dass wir sofort nach Rochlitz abreisen mussten, zur Über- nahme eines neu in Aussicht gestellten Häftlingslagers, welches von der Mechanik errichtet [worden war]. Frl. Eßmann war während der Zeit in Ravensbrück mit Büroarbeiten beschäftigt.

In Rochlitz angekommen, übernahm Frl. Eßmann sofort die Lagerleitung und traf Vorbereitungen für den Empfang der vor- gesehenen 200 jüdischen Häftlinge. Die im Lager zu verhängen- den Strafen lagen ausschließlich in den Händen der Lagerleiterin Eßmann.

Bei Verstoß gegen die Lagerordnung belegte die Eßmann die Häftlinge in der Regel mit den nachfolgenden Abstrafungen: einmal Essensentzug (es handelte sich um die Hauptmahlzeit), des Weiteren ließ sie Gefangene, die sich etwas zuschulden kommen ließen, Strafe stehen, teils in Stunden und teils von früh bis [zum] Abend ohne Beköstigung. Ich hatte dabei den Eindruck, dass dieses Vorgehen eine unmenschliche Behandlung war, insbesondere deshalb, weil darauf keine Rücksicht genommen wurde, ob [die] Gefangene sich in warmer Kleidung befand oder nicht. Auch spielten die Witterungsverhältnisse keine Rolle. Weiterhin ist mir noch in Erinnerung, dass an einem Tage Koks angefahren wurde, der von den Häftlingen mit Schüsseln [herbeigetragen] wurde, die die Häftlinge teils zum Waschen und teils zum Essen benutzten. Der Koks wurde zum Anlegen der Lagerwege vorgefahren. Während des Außendienstes trug Frl. Eßmann einen Stock, den sie zur Züchtigung ihres Hundes benutzte, der sie ständig begleitete.

Zu diesem Vorgang kann ich keine weiteren Angaben machen. Ich habe die reine Wahrheit gesagt und bestätige dies mit meiner Unterschrift.

Ich hatte Gelegenheit, meine gemachten Angaben selbst zu lesen, um eventuelle Abänderungen vornehmen lassen zu können.«[14]

---

[14] BStU, MfS, BV Karl-Marx-Stadt, C ASt 20/48, Strafakte 1/2, Hilde Liesbeth Dangriess, 11. Dezember 1947.

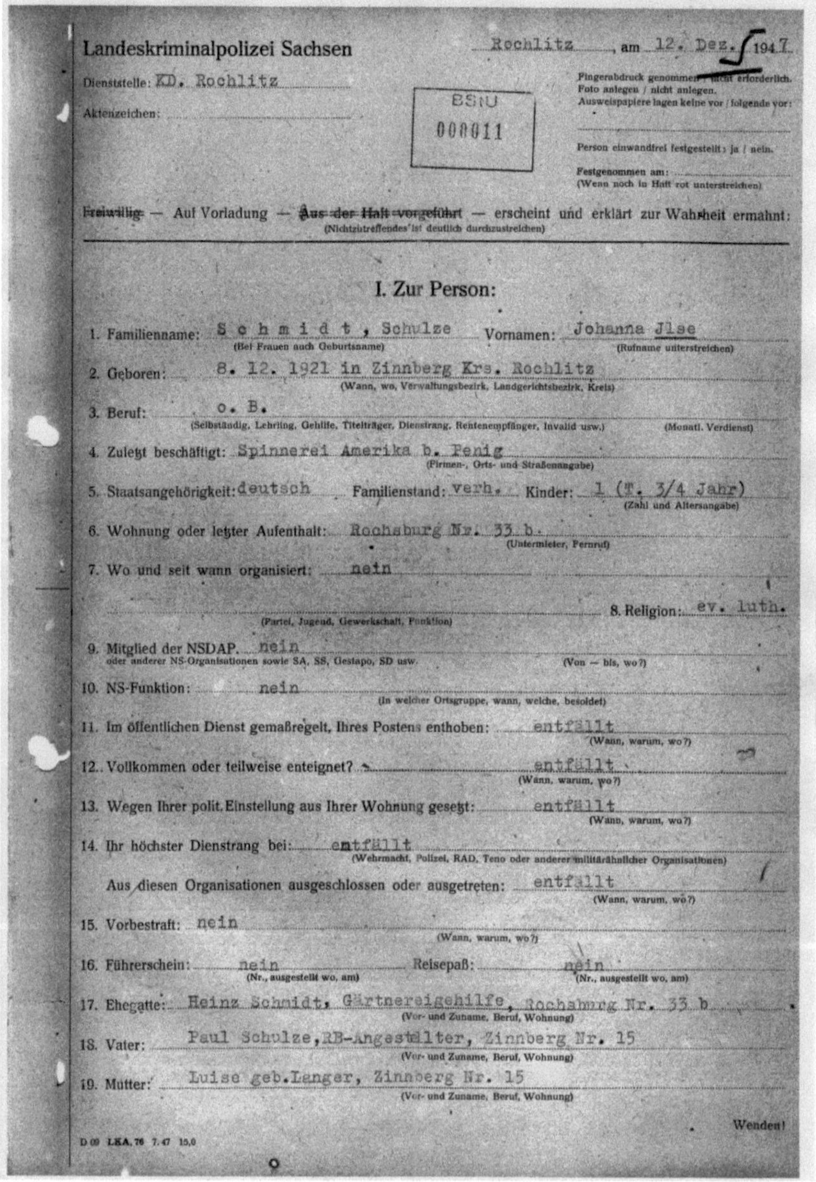

Landeskriminalpolizei Sachsen

Rochlitz, am 12. Dez. 1947

Dienststelle: KD. Rochlitz

Aktenzeichen:

> BStU
> 000011

Fingerabdruck genommen / nicht erforderlich.
Foto anlegen / nicht anlegen.
Ausweispapiere lagen keine vor / folgende vor:

Person einwandfrei festgestellt: ja / nein.

Festgenommen am:
(Wenn noch in Haft rot unterstreichen)

Freiwillig — Auf Vorladung — Aus der Haft vorgeführt — erscheint und erklärt zur Wahrheit ermahnt:
(Nichtzutreffendes ist deutlich durchzustreichen)

I. Zur Person:

1. Familienname: S c h m i d t , Schulze   Vornamen: Johanna Ilse
   (Bei Frauen auch Geburtsname)   (Rufname unterstreichen)

2. Geboren: 8. 12. 1921 in Zinnberg Krs. Rochlitz
   (Wann, wo, Verwaltungsbezirk, Landgerichtsbezirk, Kreis)

3. Beruf: o. B.
   (Selbständig, Lehrling, Gehilfe, Titelträger, Dienstrang, Rentenempfänger, Invalid usw.)   (Monatl. Verdienst)

4. Zuletzt beschäftigt: Spinnerei Amerika b. Penig
   (Firmen-, Orts- und Straßenangabe)

5. Staatsangehörigkeit: deutsch   Familienstand: verh.   Kinder: 1 (T. 3/4 Jahr)
                                                                     (Zahl und Altersangabe)

6. Wohnung oder letzter Aufenthalt: Rochsburg Nr. 33 b.
   (Untermieter, Fernruf)

7. Wo und seit wann organisiert: nein
   (Partei, Jugend, Gewerkschaft, Funktion)

8. Religion: ev. luth.

9. Mitglied der NSDAP. nein
   oder anderer NS-Organisationen sowie SA, SS, Gestapo, SD usw.   (Von — bis, wo?)

10. NS-Funktion: nein
    (In welcher Ortsgruppe, wann, welche, besoldet)

11. Im öffentlichen Dienst gemaßregelt, Ihres Postens enthoben: entfällt
    (Wann, warum, wo?)

12. Vollkommen oder teilweise enteignet? entfällt
    (Wann, warum, wo?)

13. Wegen Ihrer polit. Einstellung aus Ihrer Wohnung gesetzt: entfällt
    (Wann, warum, wo?)

14. Ihr höchster Dienstrang bei: entfällt
    (Wehrmacht, Polizei, RAD, Teno oder anderer militärähnlicher Organisationen)

    Aus diesen Organisationen ausgeschlossen oder ausgetreten: entfällt
    (Wann, warum, wo?)

15. Vorbestraft: nein
    (Wann, warum, wo?)

16. Führerschein: nein   Reisepaß: nein
    (Nr., ausgestellt wo, am)   (Nr., ausgestellt wo, am)

17. Ehegatte: Heinz Schmidt, Gärtnereigehilfe, Rochsburg Nr. 33 b
    (Vor- und Zuname, Beruf, Wohnung)

18. Vater: Paul Schulze, RB-Angestellter, Zinnberg Nr. 15
    (Vor- und Zuname, Beruf, Wohnung)

19. Mutter: Luise geb. Langer, Zinnberg Nr. 15
    (Vor- und Zuname, Beruf, Wohnung)

Wenden!

D 09 LKA. 76 7. 47 15,0

Abb. 13: Erfassungsbogen zur Zeugenaussage der ehemaligen Aufseherin
Johanna Ilse Schmidt, 12. Dezember 1947

»Im Herbst 1942 wurde ich vom Arbeitsamt Penig in das Rüstungswerk Mechanik Rochlitz dienstverpflichtet. Meine Tätigkeit im Rüstungswerk bestand darin, dass ich an der Drehbank Schrauben anfertigte. Diese Tätigkeit hatte ich bis 1944, d. h. bis zum Herbst, inne. Eines Tages, also im Herbst 1944, wurde ich in das Büro bestellt und es wurde mir dort eröffnet, dass KZ-Häftlinge in unser Werk kommen und ich mit verschiedenen anderen Kolleginnen die Bewachung für diese KZ-Häftlinge, es handelt sich in diesem Falle um weibliche, übernehmen sollte. Ich erklärte mich mit dieser Verpflichtung nicht einverstanden, doch man erklärte mir, dass ich dafür bestimmt werde und nicht widerreden könne. Wir kamen daraufhin nach Ravensbrück ins Konzentrationslager und mussten dort eine 4-wöchige Ausbildung durchmachen. Die Ausbildung bestand darin, dass wir vom KZ Ravensbrück die dort befindlichen Häftlinge nach den Arbeitsstätten bringen und diese dort überhaupt bewachen mussten. Wir bekamen natürlich Anleitung, wie wir uns gegenüber den Häftlingen zu verhalten haben. Nach dieser 4-wöchigen Ausbildung kamen wir wieder nach Rochlitz zurück. In Rochlitz wurde sofort von der Mechanik aus ein Barackenlager errichtet, welches mit Stacheldraht umgeben wurde sowie mit elektrischem Draht. Nach einiger Zeit trafen dann auch ca. 200 ausländische Zivilarbeiterinnen ein, welche aus dem KZ Dachau usw. kamen. Die Lagerführerin von diesem Arbeitslager wurde Frl. Eßmann, welche auch mit uns in Ravensbrück die Ausbildung mit durchgemacht hatte. Der Grund, weshalb gerade Frl. Eßmann Lagerführerin wurde, ist mir nicht bekannt. Bemerken möchte ich hierzu, dass wir alle SS-Helferinnen-Uniformen trugen. Frl. Eßmann zeichnete sich von uns als Führerin dadurch aus, indem sie einen silbernen Streifen um den linken Ärmel trug.

Wenn ich nun hier befragt werde, wie wir uns bzw. wie ich sowie auch die Lagerführerin Eßmann gegenüber den Häftlingen verhalten haben, so muss ich hierzu Folgendes sagen:

Es ist mir nicht ein einziger Fall bekannt, dass eine meiner Kolleginnen sich gegen die Häftlinge in einer abfälligen Form benommen hat. Wenn Strafen gegen Häftlinge verhängt wurden, so nur durch Frl. Eßmann, welche allein das Recht hatte, Strafen zu verhängen. Prügelstrafen wurden in unserem Lager nicht durchgeführt. Es ist mir auch kein einziger Fall bekannt, dass ein Häftling durch die Eßmann oder eine Kameradin von mir geprügelt wurde. Die [übliche] Strafe im Lager war Strafestehen. Diese vollzog sich folgendermaßen: Wenn ein Häftling beim Appell, welcher einmal am Tage abgehalten wurde, nicht richtig in Reih und Glied stand oder mit einem anderen Häftling sprach oder auf der Arbeitsstelle irgendetwas nicht richtig gemacht hatte, [musste] er dann während der Freizeit mehrere Stunden im Freien stehen [...]. [Meistens] mussten sie vor dem Fenster der Eßmann stehen, damit sie diese jederzeit beobachten konnte. Ein einziges Mal ist es vorgekommen, dass ein Häftling den ganzen Sonntag über Strafe stehen musste. Warum der Häftling diese Strafe verbüßen musste, ist mir heute nicht mehr bekannt. Ich glaube aber, dass irgendetwas auf der Arbeitsstelle vorgefallen [war].

Eine andere Strafe, die die Lagerführerin Eßmann gegen die Häftlinge verhängte, war der Essensentzug. Der Essensentzug bezog sich auch auf die schon oben [genannten] Motive. [Soweit] ich mich erinnern kann, wurde immer die Hauptmahlzeit, also das Mittagessen, gesperrt. Jedoch wurde dies nicht auf mehrere Tage angeordnet, sondern lediglich für einen Tag. Wenn ich ferner gefragt werde, ob mir bekannt ist, dass die Häftlinge einen Weg ausbessern und dieser mit Kohlenschlacke, welche die Häftlinge mit ihren Essschüsseln heranschaffen mussten, so muss ich dazu erklären, dass es mir bekannt war, dass der Weg zum Lager mit Kohlenschlacke ausgebessert wurde. Mir ist aber nicht bekannt, dass die Häftlinge die Kohlenschlacke mit ihren Essschüsseln herangeschafft haben. Hierzu möchte ich bemerken, dass ich im Lager direkt keinen Dienst versah, sondern lediglich die Häftlinge vom Lager in das Rüstungswerk brachte und sie dort beaufsichtigte. Die Wegausbesserung wurde nach der regulären Arbeitszeit, also während der Freizeit, bewältigt.

Zum Abschluss meiner Vernehmung möchte ich noch kurz die Lagerführerin Eßmann charakterisieren. Ich möchte hierbei nicht meinen persönlichen, sondern den allgemeinen Eindruck, welcher unter meinen Kameraden herrschte, preisgeben.

Frl. Eßmann war mir vorher, d. h., bevor sie noch nicht Lagerführerin war, nicht bekannt. In ihrer Eigenschaft als Lagerführerin hat sie sich sehr großspurig aufgeführt. Sie glaubte immer, sie wäre alles und wir, die wir ihr untergeben waren, nichts. Sie ließ sich auch in keiner Weise von uns beeinflussen, wenn wir z. B. ihr einmal Vorwürfe machten, dass sie nicht mit den Häftlingen so umgehen sollte, denn diese wären doch auch Menschen. Dann erklärte sie uns, dass uns auf der Schule doch erklärt [worden sei], wie wir uns gegenüber den Häftlingen verhalten sollten, und davon ginge sie nicht ab. Bemerken möchte ich hierzu, dass ich meine vorerwähnten Sätze bezüglich der Vorwürfe, die wir der Lagerführerin Eßmann machten, dahingehend [ergänze, dass] […] die Eßmann die Häftlinge sehr oft mit Ausdrücken anredete, mit denen man eigentlich sonst keinen Menschen anspricht.

Weiter kann ich zu dieser Angelegenheit nichts hinzufügen. Meine hier gemachten Angaben entsprechen der reinen Wahrheit, was ich durch meine Unterschrift bestätige. Ich hatte Gelegenheit, die Aussagen selbst durchzulesen, um eventuelle Änderungen vorzunehmen.«[15]

Landeskriminalpolizei Sachsen
Kriminalamt Chemnitz
Dienststelle: **Kriminaldienststelle Rochlitz**

Aktenzeichen:

Rochlitz , am 15.12. 194 7

Fingerabdruck genommen / nicht erforderlich.
Foto anlegen / nicht anlegen.
Ausweispapiere lagen keine vor / folgende vor:

Person einwandfrei festgestellt: ja / nein.

Festgenommen am:
(Wenn noch in Haft rot unterstreichen)

Freiwillig — Auf Vorladung — Aus der Haft vorgeführt — erscheint und erklärt zur Wahrheit ermahnt:
(Nichtzutreffendes ist deutlich durchzustreichen)

000014

I. Zur Person: ,

1. Familienname: **G e o r g i u s** Vornamen: **Willy Fritz**
(Bei Frauen auch Geburtsname) (Rufname unterstreichen)

2. Geboren: **17.4.1o in Rochlitz, Rochlitz, Ldg.Bez. Chemnitz**
(Wann, wo, Verwaltungsbezirk, Landgerichtsbezirk, Kreis)

3. Beruf: **Dreher - jetzt Polizist** ca. **285.-**
(Selbständig, Lehrling, Gehilfe, Titelträger, Dienstrang, Rentenempfänger, Invalid usw.) (Monatl. Verdienst)

4. Zuletzt beschäftigt: **Kreispolizeiamt Rochlitz, Gebietsleitung Rochlitz**
(Firmen-, Orts- und Straßenangabe)

5. Staatsangehörigkeit: **Deutsch** Familienstand: **verh.** Kinder: **drei, 9,7,2, Jahre**
(Zahl und Altersangabe)

6. Wohnung oder letzter Aufenthalt: **Rochlitz, Markt 4**
(Unterschicht, Pension)

7. Wo und seit wann organisiert: **SED seit 46, Gewerkschaft 45**
(Partei, Jugend, Gewerkschaft, Funktion) 8. Religion: **ev.luth.**

9. Mitglied der NSDAP **nein**
oder anderer NS-Organisationen sowie SA, SS, Gestapo, SD usw. (Von - bis, wo?)

10. NS-Funktion: **nein**
(In welcher Ortsgruppe, wann, welche, besoldet)

11. Im öffentlichen Dienst gemaßregelt, Ihres Postens enthoben: **nein**
(Wann, warum, wo)

12. Vollkommen oder teilweise enteignet? **nein**
(Wann, warum, wo?)

13. Wegen Ihrer polit. Einstellung aus Ihrer Wohnung gesetzt: **nein**
(Wann, warum, wo?)

14. Ihr höchster Dienstrang bei: **Soldat, bei der Wehrmacht**
(Wehrmacht, Polizei, RAD, Tene oder anderer militärähnlicher Organisationen)

Aus diesen Organisationen ausgeschlossen oder ausgetreten: **nein**
(Wann, warum, wo?)

15. Vorbestraft: **nein**
(Wann, warum, wo?)

16. Führerschein: **nein** Reisepaß: **nein**
(Nr., ausgestellt wo, am) (Nr., ausgestellt wo, am)

17. Ehegatte: **Frieda Gertrud geb. Beer, Wohnung wie oben,**
(Vor- und Zuname, Beruf, Wohnung)

18. Vater: **Friedrich Oskar Georgius,Rentner, Rochlitz,Gärtnerstr. 2o**
(Vor- und Zuname, Beruf, Wohnung)

10. Mutter: **Frieda geb. Krutzsch, Rochlitz, Gärtnerstr. 2o**
(Vor- und Zuname, Beruf, Wohnung)

Wenden!

D 60 LKA. 78 7. 47 15,0

---

[15] BStU, MfS, BV Karl-Marx-Stadt, C ASt 20/48, Strafakte 1/2, Johanna Ilse Schmidt, 12. Dezember 1947.

»Während des Krieges arbeitete ich in Rochlitz bei der Firma Mechanik. Es muss im August 1944 gewesen sein, als unser Betrieb eines Tages jüdische Häftlinge aus einem KZ […] als Arbeitskräfte erhielt. Diese weiblichen Personen wurden in einem Barackenlager untergebracht, welches mit Stacheldraht umgeben war. Ebenfalls war dieses Lager, welches über der Mulde in Döhlen lag, durch elektrische Drähte gesichert. Einige Wochen vor dem Eintreffen der jüdischen KZ-Häftlinge wurden aus unserem Betrieb mehrere junge Arbeitskolleginnen, unter ihnen auch Frl. Eßmann, zu einem bestimmten Lehrgang herausgezogen. Diese ausgesuchten Mädels mussten in einem SS-Lager einen Lehrgang als SS-Helferinnen bzw. Lageraufseherinnen durchmachen und wurden später bei der Errichtung des Lagers Rochlitz als Aufseherinnen eingesetzt. Die Lagerführerin des Rochlitzer Lagers war Frl. Marianne Eßmann. Da ich ab und zu, das heißt durch meine Arbeit im Umschulungswerk, mit diesen Häftlingen näher in Berührung gekommen bin, kam es des Öfteren vor, dass diese mir ihr Leid klagten. Sie gaben an, dass die Lagerführerin Eßmann mehrere Häftlinge schon mehrmals in den Arsch getreten hätte. Weiter berichteten mir die Häftlinge, dass […] Frl. Eßmann überhaupt sehr streng mit ihnen umginge. Ich selbst habe keine Misshandlungen der Eßmann gegenüber den Häftlingen gesehen. Mir wurde dieses nur von den Häftlingen erzählt.

Weitere Angaben kann ich nicht machen.

Ich hatte Gelegenheit, meine hier gemachten Angaben selbst zu lesen, um eventuelle Abänderungen vornehmen zu können.«[16]

Nachdem die Ermittlungsstelle alle vorliegenden Zeugenaussagen ausgewertet hatte, gab sie nun der Beschuldigten Eßmann die Gelegenheit, sich zu den Vorwürfen zu äußern. Am 15. Dezember 1947 ließ sie sich aus der Untersuchungshaft vorführen, um eine ausführliche Stellungnahme abzugeben. Ihre Einlassung vermittelte jedoch eher ein gegenteiliges Bild von ihr als das, was ihr die belastenden Aussagen zuschrieben.

---

[16] BStU, MfS, BV Karl-Marx-Stadt, C ASt 20/48, Strafakte 1/2, Willy Fritz Georgius, 12. Dezember 1947.

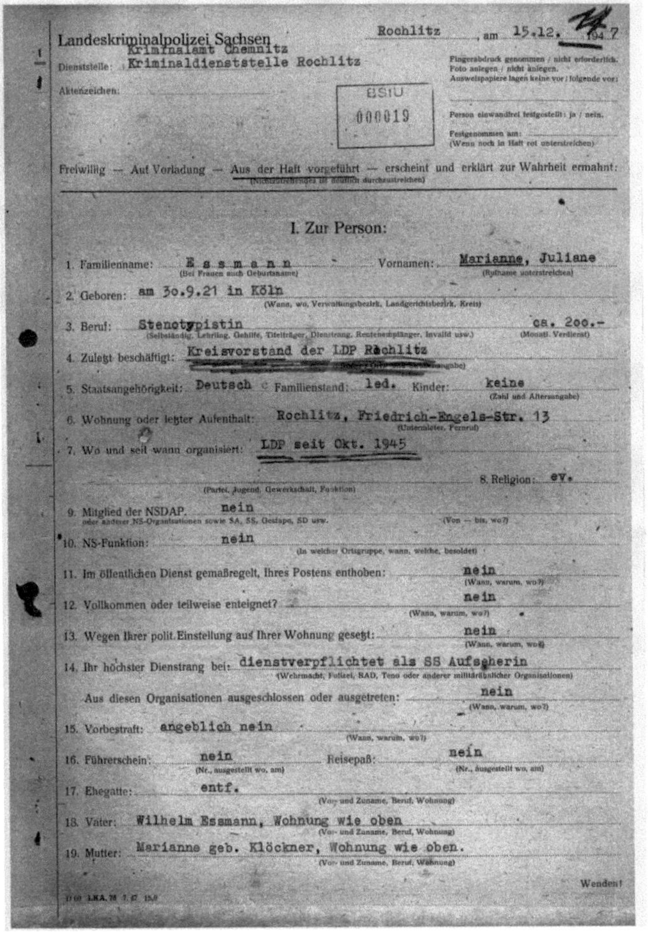

Landeskriminalpolizei Sachsen Kriminalamt Chemnitz Rochlitz, am 15.12.1947

Dienststelle: Kriminaldienststelle Rochlitz

Aktenzeichen:

BStU 000019

Fingerabdruck genommen / nicht erforderlich.
Foto anlegen / nicht anlegen.
Ausweispapiere lagen keine vor / folgende vor:

Person einwandfrei festgestellt: ja / nein.

Festgenommen am:
(Wenn noch in Haft rot unterstreichen)

Freiwillig — Auf Vorladung — Aus der Haft vorgeführt — erscheint und erklärt zur Wahrheit ermahnt:
(Nichtzutreffendes ist deutlich durchzustreichen)

I. Zur Person:

1. Familienname: E s s m a n n (Bei Frauen auch Geburtsname) Vornamen: Marianne, Juliane (Rufname unterstreichen)
2. Geboren: am 30.9.21 in Köln (Wann, wo, Verwaltungsbezirk, Landgerichtsbezirk, Kreis)
3. Beruf: Stenotypistin (Selbständig, Lehrling, Gehilfe, Titelträger, Dienstrang, Rentenempfänger, Invalid usw.) ca. 200.- (Monatl. Verdienst)
4. Zuletzt beschäftigt: Kreisvorstand der LDP Rochlitz
5. Staatsangehörigkeit: Deutsch Familienstand: led. Kinder: keine (Zahl und Altersangabe)
6. Wohnung oder letzter Aufenthalt: Rochlitz, Friedrich-Engels-Str. 13 (Untermieter, Fernruf)
7. Wo und seit wann organisiert: LDP seit Okt. 1945 (Partei, Jugend, Gewerkschaft, Funktion) 8. Religion: ev.
9. Mitglied der NSDAP oder anderer NS-Organisationen sowie SA, SS, Gestapo, SD usw.: nein (Von — bis, wo?)
10. NS-Funktion: nein (In welcher Ortsgruppe, wann, welche, besoldet)
11. Im öffentlichen Dienst gemaßregelt, Ihres Postens enthoben: nein (Wann, warum, wo?)
12. Vollkommen oder teilweise enteignet? nein (Wann, warum, wo?)
13. Wegen Ihrer polit. Einstellung aus Ihrer Wohnung gesetzt: nein (Wann, warum, wo?)
14. Ihr höchster Dienstrang bei: dienstverpflichtet als SS Aufseherin (Wehrmacht, Polizei, RAD, Teno oder anderer militärähnlicher Organisationen)
Aus diesen Organisationen ausgeschlossen oder ausgetreten: nein (Wann, warum, wo?)
15. Vorbestraft: angeblich nein (Wann, warum, wo?)
16. Führerschein: nein (Nr., ausgestellt wo, am) Reisepaß: nein (Nr., ausgestellt wo, am)
17. Ehegatte: entf. (Vor- und Zuname, Beruf, Wohnung)
18. Vater: Wilhelm Essmann, Wohnung wie oben (Vor- und Zuname, Beruf, Wohnung)
19. Mutter: Marianne geb. Klöckner, Wohnung wie oben. (Vor- und Zuname, Beruf, Wohnung)

Wenden!

Abb. 15: Erfassungsbogen zur Vernehmung von Marianne Eßmann, 15. Dezember 1947

»Von Januar 1941 bis August 1944 war ich in der Mechanik Rochlitz als Kontoristin tätig. [Im] August 1944 wurde ich durch das Arbeitsamt Burgstädt mit noch 17 anderen Frauen bzw. Mädels gegen meinen Willen zur SS dienstverpflichtet. Laut Verpflichtungsschein mussten wir uns am 20.8.44 im KZ Ravensbrück einfinden. Am nächsten Tag wurden wir, nach

Erledigung der Aufnahmeformalitäten, in Arbeitskommandos eingeteilt. Ich wurde der Schreibstube des Schutzhaftlagers zugeteilt. Nachdem wir etwa 4 Wochen in dem Lager verbracht hatten, wurden wir gemeinsam wieder nach Rochlitz zurückgeschickt. Einen Tag vor unserer Abfahrt nach Rochlitz teilte mir die dortige Erstaufseherin Binz mit, dass ich [...] als Aufseherin für das Arbeitslager Rochlitz [vorgesehen sei]. Im Verlauf unseres Aufenthaltes in Ravensbrück wurden wir u. a. zweimal von einer Aufseherin zusammengerufen und über die Pflichten und Aufgaben des Überwachungspersonals unterrichtet. Insbesondere wurden wir darüber belehrt, dass es unter allen Umständen verboten sei, mit Schutzhäftlingen persönlich in Berührung zu treten. Wir wurden weiterhin belehrt, dass, falls wir die Lagerordnung nicht entsprechend einhalten, die höchste Bestrafung zu erwarten hätten. Nachdem bis zum 15. September 1944 alle Vorbereitungsarbeiten zur Erfassung der vorgesehenen 200 KZ-Häftlinge abgeschlossen waren, trafen diese am vorgesehenen Tage ein. Vom 15. September 1944 bis zu meiner Abkommandierung lag die gesamte Verantwortung über das Lager in meiner Hand. Die Übernahme der Verantwortung über das Lager erfolgte am 17.12.44 durch den SS-Kommandoführer, SS-Hauptscharführer Pomorin.

Ich gebe zu, Essensentzug angeordnet zu haben, jedoch erhielten die Häftlinge das Essen bei der nächsten Mahlzeit nachgeliefert.

Die Behauptung des Zeugen Lungwitz, dass ich Gefangene in das Gesäß getreten habe, weise ich entschieden zurück. Ich habe niemals einen Häftling auch nur berührt.

Auch die Behauptungen, ich hätte einmal angeordnet, die Häftlinge sollten den angefahrenen Koks mit ihren Essschüsseln […] tragen, entsprechen nicht der Wahrheit. Wahr ist, da nicht genügend [Schubkarren] vorhanden waren, [die Anordnung], alle verfügbaren Gefäße zum […] Tragen des Kokses zu benutzen. Sollten dabei einige ihre Essgeschirre benutzt haben, so geschah dies nicht auf meinen Befehl.

Auch die Beschuldigung, dass ich die ungarischen Häftlinge zu ihrem Nachteil bei der Verpflegungszuteilung behandelt hätte, stelle ich entschieden in Abrede. Wenn das vorgekommen ist, so kann das nur von der polnischen Essensausgeberin ohne meine Einwilligung getan worden sein.

Als Beweis, dass ich mit den Häftlingen immer menschenwürdig verfahren bin, führe ich noch Folgendes an:

Als das Lager am 17.12.44 aufgelöst wurde, habe ich mit meiner Mutter für sämtliche 300 Häftlinge Kaffee in meiner Wohnung gekocht. Bei Bekanntwerden dieser Handlungsweise hätte ich mich nach Lagerordnung schwer strafbar gemacht. Weiterhin bin ich einmal mit einer russischen Ärztin, [Shenja] Notschewkina, in Rochlitz bei der Drogerie Schneider im Geschäft gewesen, wo wir beide Bedarfsartikel für die Häftlinge einkauften. Ich war mir vollkommen bewusst, dass ich mich nach der Dienstanweisung strafbar gemacht [hatte]. Wenn eine Inspektion meiner vorgesetzten Dienststelle hierbei erschienen wäre, so kann ich behaupten, dass ich dann das Los der anderen Häftlinge in den übrigen KZ-Lagern geteilt hätte. Ferner möchte ich noch anführen, dass einmal ein jüdischer Häftling bei der Arbeit mit der Hand in die Maschine gekommen war. Ich selbst setzte mich sofort [dafür] ein, dass dieser sofort in das Krankenhaus Rochlitz überführt wurde und der damalige Chefarzt des Stadtkrankenhauses Rochlitz, Herr Dr. Hörder, die Behandlung derselben vornahm. Auch hier war ich mir vollkommen bewusst, dass ich gegen einen Befehl meiner vorgesetzten Dienststelle handelte. Dieser besagte, dass die Häftlinge entweder im Lager wieder gesunden oder sterben müssten.

Außerdem war ich einmal mit der bereits angeführten russischen Ärztin auf Dienstreise. Als wir in Leipzig keinen Anschlusszug mehr in Richtung Rochlitz bekamen, haben wir uns die Nacht über in Leipzig aufgehalten. Wir gingen zusammen in ein Lichtspielhaus und besuchten anschließend das ehemalige Wehrmachtsheim in der Nähe des Hauptbahnhofes. Hierbei war ich mir vollkommen im Klaren, dass [ich], wenn mich eine Streife zusammen mit dem Häftling aufgegriffen hätte, ebenfalls inhaftiert worden wäre. Weiterhin gebe ich zu meiner Entlastung an, dass ich im April 45 in Prag einem russischen Häftling [...] zur Flucht verhalf, indem ich ihm Kleidung, Esswaren sowie Geld aus meinem Privatbesitz aushändigte, um ihm die Flucht zu erleichtern. Dadurch verhalf ich einem mir anvertrauten russischen Häftling, meiner Dienstanordnung zuwider, zur Flucht.

Weitere Angaben habe ich zu diesem Vorgang nicht zu machen. Ich habe die reine Wahrheit gesagt und bestätige dies mit meiner Unterschrift. Ferner hatte ich Gelegenheit, meine Aussagen selbst zu lesen, um eventuelle Abänderungen vornehmen lassen zu können.«[17]

---

[17] BStU, MfS, BV Karl-Marx-Stadt, C ASt 20/48, Strafakte 1/2, Marianne Eßmann, 15. Dezember 1947.

Am 17. Dezember 1947 erschien Eßmann erneut aus der Untersuchungshaft, um zu einigen Unstimmigkeiten Stellung zu nehmen. Dazu gab sie folgende Erklärung ab:

»Wenn mir zur Last gelegt wird, dass ich Häftlinge zur Strafe stundenlang im Freien habe stehen lassen, so muss ich dazu Folgendes sagen: Ich gebe ohne Weiteres zu, einen Häftling damit bestraft zu haben, indem ich ihn eine halbe bis eine Stunde im Freien stillstehen ließ. Diese Strafe habe ich jedoch nur ein einziges Mal angewandt. Wenn behauptet wird, dass dies fast täglich geschah, so entspricht das nicht den Tatsachen.

Wenn ich in meiner vorhergehenden Vernehmung angab, dass das Lager am 17.12.44 aufgelöst wurde, so entspricht dies nicht ganz den Tatsachen und ich möchte dies folgendermaßen berichtigen. Das Lager wurde nicht aufgelöst, sondern an dem genannten Datum wurde ein SS-Hauptscharführer als Lagerleiter eingesetzt. Das Lager wurde erst bei Einzug der alliierten Truppen aufgelöst, vorher, d. h. im März 45, wurde es schon nach Graslitz/Sudetengau verlegt. Bemerken möchte ich noch, dass ich von Graslitz aus nach Mittweida ebenfalls in ein Arbeitslager kommandiert wurde und dort bis 13.4.45 Dienst tat.«[18]

Im März 1948 fanden weitere Befragungen der Zeugen statt. Nach den Aussagen der Zeugen stand fest, dass es sich bei den jüdischen Häftlingen weiblichen Geschlechts, die im Ausweichlager Rochlitz untergebracht waren und unter der Leitung der Beschuldigten Eßmann standen, um ungarische und polnische Jüdinnen handelte.[19]

---

[18] Ebd.

[19] Vgl. BStU, MfS, BV Karl-Marx-Stadt, C ASt 20/48, Strafakte 1/2.

In der Zwischenzeit lag der Kriminalpolizei ein Auszug aus dem Strafregister der Stadt Köln vor. Eßmann galt bisher als nicht vorbestraft. Alle Ermittlungsergebnisse lagen nun aufbereitet vor und gingen der Staatsanwaltschaft zur Vorbereitung der Anklageschrift zu. Eßmann erhielt die Einstufung als Hauptkriegsverbrecherin. Das Ermittlungsergebnis brachte folgende Erkenntnisse hervor:

Im August 1944 kam die Angeklagte aus dem Rüstungsbetrieb Mechanik Rochlitz, wo sie bereits seit 1941 als Bürokraft beschäftigt war, mit siebzehn anderen Arbeiterinnen zur Ausbildung als SS-Aufseherin in das KZ Ravensbrück. Geplant war, auch in Rochlitz ein Konzentrationslager einzurichten, und hier sollten diese SS-Aufseherinnen die Bewachung der Häftlinge übernehmen, die dann in der Rüstungsfabrik Mechanik eingesetzt werden sollten. Im Anschluss an die vierwöchige Ausbildung in Ravensbrück kehrten die SS-Aufseherinnen nach Rochlitz zurück. In der Zwischenzeit entstand hier ein Barackenlager, das mit Stacheldraht eingezäunt und elektrisch gesichert war. Am 15. September 1944 trafen etwa 200 ausländische jüdische KZ-Häftlinge aus Dachau, Ravensbrück und anderen Orten ein. Die Beschuldigte Eßmann übernahm die Lagerführung. Als Lagerführerin war sie allein befugt, Strafen gegen Häftlinge zu verhängen. Die häufigste Strafe, die sie verhängte, war das Strafestehen. Wegen geringfügiger Vergehen mussten die Häftlinge bei Wind und Wetter stundenlang unter freiem Himmel ausharren, ohne etwas zu essen und das trotz ihrer spärlichen Kleidung. Eine weitere Strafe bestand darin, den Häftlingen die Nahrung zu entziehen. Wenn die Gefangenen beim Appell nicht ordentlich in einer Reihe standen, erhielten sie zur Strafe kein Essen, nämlich keine Hauptmahlzeit. Ferner ordnete die Beschuldigte im Rahmen einer Ausbesserung der Lagerwege mit Koksschlacken an, als nicht genügend Karren vorhanden waren, die Koksschlacken mit Essschüsseln heranzuschaffen. Die Zeugen Lungwitz und Georgius sagten aus, dass sich die Häftlinge bei ihnen beschwerten, von der Beschuldigten ins Gesäß getreten worden zu sein. Auch verbot die Beschuldigte den Häftlingen, sich nach der Arbeit mit warmem Wasser die Hände zu waschen, obwohl dieses zur Verfügung stand.[20]

Zwar räumte die Beschuldigte im Kern den geschilderten Sachverhalt ein, verschleierte jedoch die Tatsachen. Die Aussagen der Zeugen Georgius und Lungwitz, sie habe Häftlingen ins Gesäß getreten, bestritt sie hingegen mit Nachdruck. Zur weiteren Entlastung gab sie an, Ende 1944 gemeinsam mit ihrer Mutter in ihrer Wohnung Kaffee für etwa 300 Häftlinge gekocht und verteilt zu haben. Außerdem behauptete sie, sie habe dafür gesorgt, dass ein Häftling, der sich bei der Arbeit verletzt hatte, sofort ins Krankenhaus gebracht wurde.[21]

---

[20] Vgl. BStU, MfS, BV Karl-Marx-Stadt, C ASt 20/48, Strafakte 1/2.

[21] Ebd.

Von der Anklageerhebung bis zur Urteilsvollstreckung und danach

Die Staatsanwaltschaft Chemnitz kam zu dem Ergebnis, dass die Beschuldigte in ihrer Eigenschaft als Lagerführerin des Außenlagers Rochlitz Handlungen vorgenommen habe, die als völkerrechtswidrig anzusehen seien. Der Tatbestand des Hauptverbrechens sei gemäß Richtlinie 38, Abschnitt II, Artikel II, Ziffer 2 in Verbindung mit Artikel II, Ziffer 2b und 2d des Gesetzes Nr. 10 des Alliierten Kontrollrates vom 20. Dezember 1945 erfüllt.[22]

Die Staatsanwaltschaft ließ keine Einwände der Beschuldigten gelten und schrieb ihr sogar einen »niedrigen Charakter« zu, da sie allein dazu geneigt war, Häftlinge in spärlicher Kleidung – ohne Nahrung – im Freien Strafe stehenzulassen. Die Aussagen der Zeuginnen Helbig, Dangriess und Schmidt galten als glaubwürdig, da auch diese Zeuginnen zum Wachdienst im Lager eingeteilt waren und unbedingt damit rechnen mussten, von der Angeklagten belastet zu werden.[23]

---

[22] Vgl. BStU, MfS, BV Karl-Marx-Stadt, C ASt 20/48, Strafakte 1/2.
[23] Ebd.

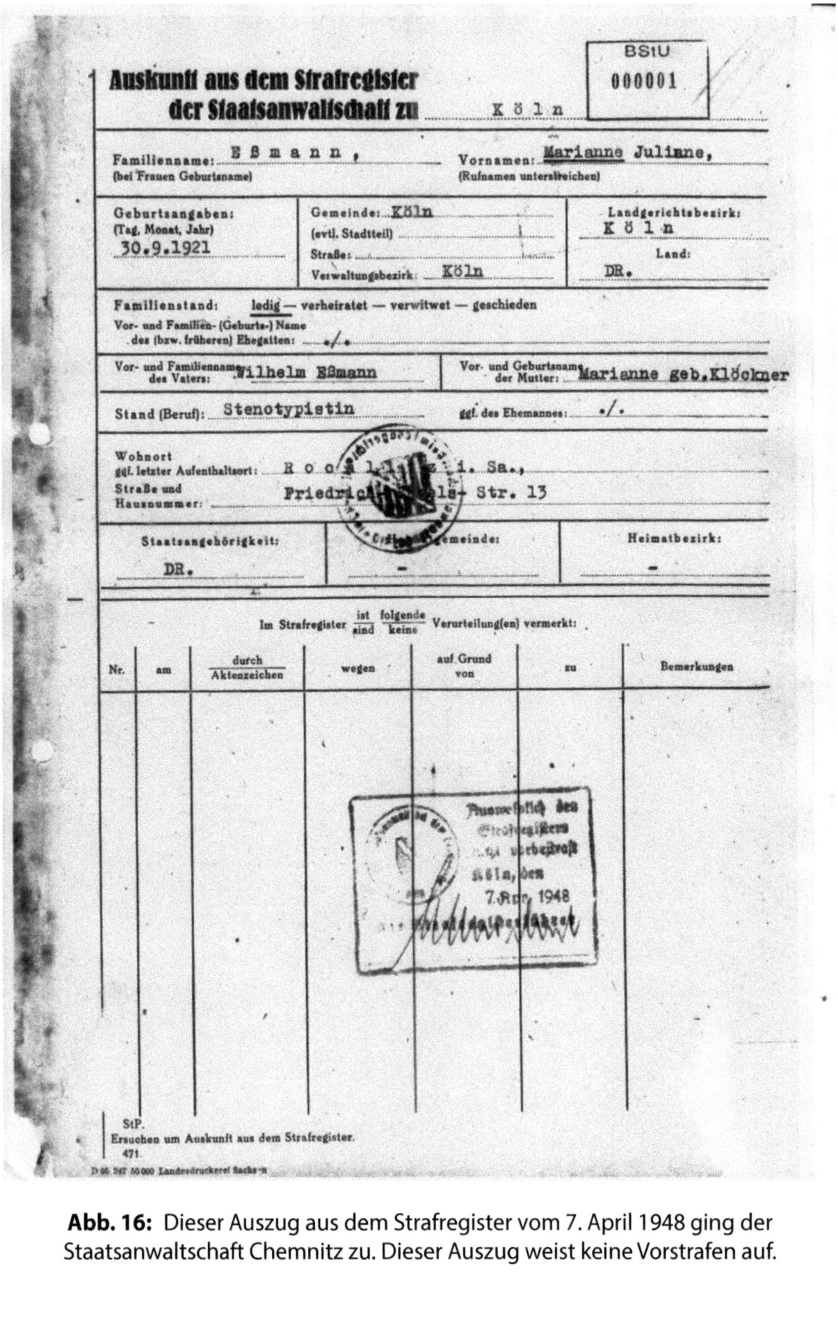

BStU
000001

Auskunft aus dem Strafregister
der Staatsanwaltschaft zu Köln

Familienname: Eßmann, (bei Frauen Geburtsname)
Vornamen: Marianne Julianne, (Rufnamen unterstreichen)

Geburtsangaben: (Tag, Monat, Jahr) 30.9.1921
Gemeinde: Köln
(evtl. Stadtteil)
Straße:
Verwaltungsbezirk: Köln
Landgerichtsbezirk: Köln
Land: DR.

Familienstand: ledig — verheiratet — verwitwet — geschieden
Vor- und Familien- (Geburts-) Name des (bzw. früheren) Ehegatten: ./.

Vor- und Familienname des Vaters: Wilhelm Eßmann
Vor- und Geburtsname der Mutter: Marianne geb. Klöckner

Stand (Beruf): Stenotypistin
ggf. des Ehemannes: ./.

Wohnort ggf. letzter Aufenthaltsort: Rochlitz i. Sa.,
Straße und Hausnummer: Friedrich-Engels-Str. 13

Staatsangehörigkeit: DR.
Gemeinde: -
Heimatbezirk: -

Im Strafregister ist / sind folgende / keine Verurteilung(en) vermerkt:

Nr.	am	durch Aktenzeichen	wegen	auf Grund von	zu	Bemerkungen

Auswechlich des Strafregisters nicht vorbestraft
Köln, den 7. Apr. 1948

StP.
Ersuchen um Auskunft aus dem Strafregister.
471.
D 05 347 50 000 Landesdruckerei Sachsen

Abb. 16: Dieser Auszug aus dem Strafregister vom 7. April 1948 ging der Staatsanwaltschaft Chemnitz zu. Dieser Auszug weist keine Vorstrafen auf.

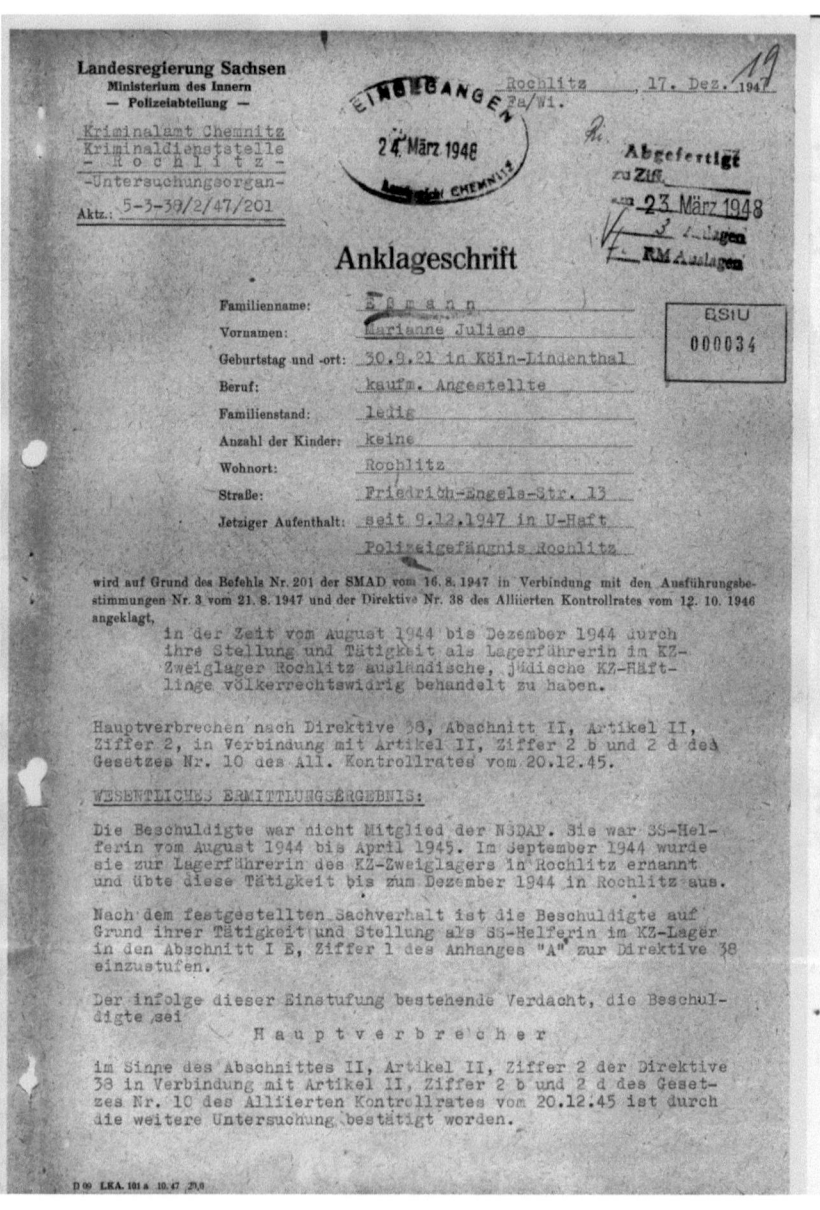

Abb. 17: Anklageschrift, verfasst am 17. Dezember 1947, bestätigt am 19. März 1948, eingegangen beim Landgericht Chemnitz am 24. März 1948.

Am 1. April 1948 verkündete die Große Strafkammer gemäß Befehl 201[24] des Landgerichts Chemnitz verbindlich den Eröffnungsbeschluss. Die Angeklagte Eßmann sei hinreichend verdächtig, in der Zeit von August 1944 bis Dezember 1944 durch ihre Stellung und Tätigkeit als Lagerleiterin im Außenlager Rochlitz ausländische und jüdische KZ-Häftlinge völkerrechtswidrig behandelt zu haben. Die Hauptverhandlung sei vor der Großen Strafkammer des Landgerichts Chemnitz zu führen. Die Verhandlung war für Montag, den 12. April 1948, 9 Uhr, im Saal 278 des Landgerichts Chemnitz angesetzt. Die Ladungsfrist verkürzte sich auf zwei Tage. Sowohl die Angeklagte als auch die in der Anklageschrift genannten fünf Zeugen sollten jeweils eine Zustellungsurkunde des Gerichts erhalten. Überdies war vorgesehen, die Angeklagte mit einer Abschrift der Anklageschrift und einer Mitteilung über die Verkürzung der Frist zu informieren.[25]

Während der Prozessanbahnung teilte der Chemnitzer Rechtsanwalt und Notar Dr. Gareis dem Gericht am 27. März 1948 erstmals mit, dass er die Angeklagte Eßmann vertreten werde. Kurze Zeit später erkrankte er und schied aus, ersuchte jedoch den Landtagsabgeord-

---

[24] Die sächsischen Gerichte verhängten 1946 insgesamt 79 und 1947 285 Urteile wegen Nazi- und Kriegsverbrechen. Sie stützten sich alle auf das Gesetz Nr. 10 des Alliierten Kontrollrates vom 20. Dezember 1945. Die Strafverfahren wegen NS- und Kriegsverbrechen erhielten durch den SMAD-Befehl Nr. 201 vom 16. August 1947 eine neue verfahrensrechtliche Grundlage, die eine beschleunigte Durchführung der entsprechenden Strafverfahren vorsah. Nach dieser Anordnung waren bei den Landgerichten und dem Oberlandesgericht besondere Strafkammern, »Strafkammern nach Anordnung 201«, zu bilden, und die Volkspolizei erhielt erweiterte Befugnisse als Ermittlungsorgan. In deren Diensteinheiten, den »Kommissariaten 5«, spezialisierten sich auf Ermittlungen in politischen Strafsachen. Im Jahr 1950 erfolgte ihre Verlegung in die Dienststellen des neu gegründeten Ministeriums für Staatssicherheit. Vgl. »Sächsische Justiz in der sowjetischen Besatzungszone und der frühen DDR 1945 bis 1957«, Schriftenreihe des Sächsischen Staatsministeriums der Justiz, Karl Wilhelm Fricke, Band 8, 1998.

[25] Vgl. BStU, MfS, BV Karl-Marx-Stadt, C ASt 20/48, Strafakte 1/2.

neten Löser in Rochlitz, einen anderen Verteidiger auszuwählen. Somit erteilte Wilhelm Eßmann, ihr Vater, dem neuen Verteidiger aus Chemnitz, Rechtsanwalt Rudolph, eine Vertretungsvollmacht.[26] Dem Anschein nach stand Herr Löser in engem Kontakt mit der Familie Eßmann, zumal er auch in der gleichen Straße wohnte.

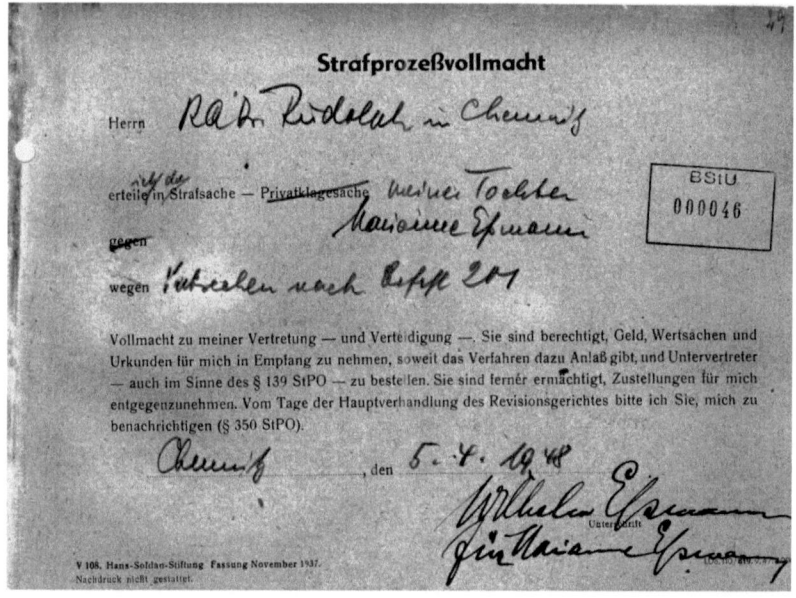

Abb. 18: Strafprozessvollmacht an Strafverteidiger Rudolph aus Chemnitz, 5. April 1948

In der ersten Aprilwoche 1948 ergingen die Ladungen zur mündlichen Verhandlung per Postzustellungsurkunde. Daraufhin teilte der Bruder der Zeugin Hilde Dangriess am 7. April 1948 der Staatsanwaltschaft handschriftlich mit, dass seine Schwester im Urlaub sei und zum genannten Gerichtstermin wahrscheinlich nicht anwesend sein könne.[27]

---

[26] Vgl. BStU, MfS, BV Karl-Marx-Stadt, C ASt 20/48, Strafakte 1/2.
[27] Ebd.

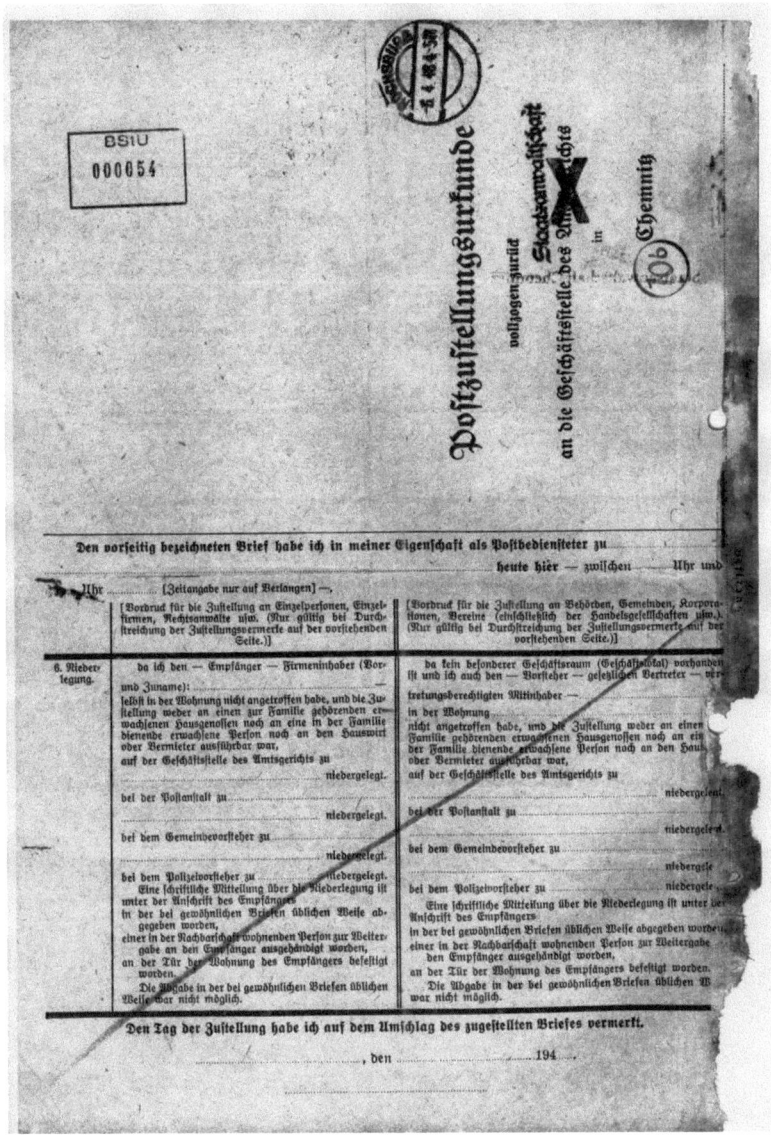

Abb. 19: Anhand der Postzustellungsurkunde vom 6. April 1948 lässt sich exemplarisch verdeutlichen, dass zahlreiche Behörden in der unmittelbaren Nachkriegszeit bis etwa 1949/50, vereinzelt sogar bis zur Gründung des Ministeriums für Staatssicherheit, aufgrund der Materialknappheit weiterhin die alten Vordrucke aus der NS-Zeit verwendeten.

Abb. 20: Gerichtsgebäude des Landgerichts Chemnitz an der Hohe Straße 23, historische Aufnahme von 1929

Abb. 21: Eingang des Gerichtsgebäudes, historische Aufnahme, undatiert

Am Montag, dem 12. April 1948, begann die öffentliche Sitzung der Großen Strafkammer nach Befehl 201 des Landgerichts Chemnitz. Das Gericht bestand in folgender Besetzung: Amtsgerichtsrat Dr. Schober als Vorsitzender, Amtsgerichtsrat Günther als Beisitzer, Horizontalbohrer Walter Gerlach und Rentner Richard Langhammer, beide aus Chemnitz, als Schöffen, Steuerassistentin Marianne Kühnrich aus Chemnitz als Schöffin, Staatsanwalt Noa als Vertreter der Staatsanwaltschaft und Assessor Grüner als Urkundsbeamter der Geschäftsstelle. Das Verfahren richtete sich in der Strafsache gegen die kaufmännische Angestellte Marianne Juliane Eßmann, geboren am 30. September 1921 in Köln-Lindenthal, wohnhaft in Rochlitz, Friedrich-Engels-Str. 13, derzeit in Untersuchungshaft im Polizeigefängnis Chemnitz, wegen Verbrechen gegen die Menschlichkeit.[28]

Nach Aufruf zur Sache stellte sich die Angeklagte Eßmann selbst vor, gefolgt von ihrem Verteidiger, der sich ebenfalls vorstellte. Der Vorsitzende rief dann die Zeugen auf. Es meldeten sich folgende Personen: Johannes Lungwitz, Ilse Schmidt und Willy Georgius. Das Gericht stellte fest, dass die Zeuginnen Helbig und Dangriess nicht anwesend waren. Nach Berichten aus der Nachbarschaft habe die Zeugin Helbig die Ladung zur Verhandlung nicht erhalten. Der Bruder der Zeugin Dangriess hatte zuvor mitgeteilt, dass seine Schwester im Urlaub sei, und zwar in Holstein. Der Vorsitzende führte die Zeugen in den Sachverhalt und die Person der Angeklagten ein, ermahnte und belehrte sie, wahrheitsgemäß auszusagen, und wies sie auf die strafrechtlichen Konsequenzen im Fall einer Falschaussage hin. Daraufhin verließen die Zeugen den Gerichtssaal.[29]

---

[28] Vgl. BStU, MfS, BV Karl-Marx-Stadt, C ASt 20/48, Strafakte 1/2.

[29] Ebd.

Zu ihrer Person befragt, machte die Angeklagte in etwa die gleichen Angaben wie vor der Kriminaldienststelle Rochlitz am 15. Dezember 1947 und fügte Folgendes hinzu:

> »Meine Eltern leben noch. Mein Vater Wilhelm Eßmann ist von Beruf Kaufmann. Meine Mutter ist Marianne [Eßmann], geborene Klöckner. Ich wohne bei meinen Eltern. Ich habe die Volksschule in Erfurt und Leipzig […] sowie die Mittelschule in Leipzig mit Abschluss der Mittleren Reife [besucht]. Darauf trat ich in die kaufmännische Lehre bei der Firma Hans Neukamp, Modenhaus, in Leipzig, ein. Nach Beendigung meiner Lehrzeit trat ich in die Mechanik GmbH in Rochlitz ein, da meine Eltern nach Rochlitz übersiedelten. Ich war nicht Mitglied der NSDAP. Vermögen oder Vermögenswerte besitze ich nicht. Seit Ende 1945 bin ich Mitglied der LDP. Seit [dem] 1.5.1947 bin ich bei der LDP – Kreisverband Rochlitz – als Sekretärin angestellt. Anfangs verdiente ich monatlich 150 RM, zuletzt 200 RM.«[30]

Das Gericht stellte fest, dass sich die Angeklagte seit dem 5. Dezember 1947 in Haft befand und der Haftbefehl am 29. November 1947 erging. Daraufhin erfolgte die Verlesung des Eröffnungsbeschlusses.[31]

Der Vorsitzende fragte die Angeklagte, ob sie sich zu den Vorwürfen äußern wolle, was sie bejahte. Während der Vorsitzende die Angeklagte zur Sache vernahm, legte der Verteidiger eine Verpflichtungserklärung des Arbeitsamtes für die Angeklagte vor, um zu beweisen, dass sie sich nicht freiwillig als SS-Aufseherin gemeldet hatte. Die

---

[30] BStU, MfS, BV Karl-Marx-Stadt, C ASt 20/48, Strafakte 1/2.

[31] Ebd.

Angeklagte legte nutzlose kleinere Utensilien hervor, die sie zufällig in ihrer Tasche entdeckte.[32]

Der Vorsitzende rief die Zeugen einzeln auf und befragte sie nacheinander zum Sachverhalt. Dabei ordnete das Gericht die Vernehmung von Hans Löser als Zeuge an, der im Gerichtssaal anwesend war. Dem Anschein nach erschien Löser als Entlastungszeuge.[33]

Alle Zeugen gaben an, mit der Angeklagten weder verwandt noch verschwägert zu sein.[34]

1. Zeuge:

    »Ich heiße Hans Alfred Wilhelm Löser, bin Kreisrat in Rochlitz sowie stellvertretender Landrat. 47 Jahre alt, wohnhaft in Rochlitz, Friedrich-Engels-Str. 7.«[35]

2. Zeuge:

    »Ich heiße Johannes Otto Lungwitz, bin Eisenbahnbetriebsarbeiter, 38 Jahre alt, wohnhaft in Rochlitz, Dresdner Str. 5.«[36]

3. Zeugin:

    »Ich heiße Ilse Johanna Schmidt, bin Hausfrau, 26 Jahre alt, wohnhaft in Rochsburg Nr. 33 b.«[37]

---

[32] Vgl. BStU, MfS, BV Karl-Marx-Stadt, C ASt 20/48, Strafakte 1/2.

[33] Ebd.

[34] Ebd.

[35] Zitiert nach ebd.

[36] Ebd.

[37] Ebd.

Der Vorsitzende wies die Zeugin Schmidt auf ihr Zeugnisverweigerungsrecht nach § 55 der Strafprozessordnung hin. Sie erklärte sich jedoch bereit, in dieser Sache auszusagen.[38]

4. Zeuge:

»Ich heiße Fritz Willy Georgius, bin Polizeiangestellter, 37 Jahre alt, wohnhaft in Rochlitz, Markt 4.«[39]

Die Belastungszeugen bestätigten ihre früheren Aussagen, die sie zuvor bei den Vernehmungen zu Protokoll gegeben hatten. Der Vertreter der Staatsanwaltschaft verzichtete auf die Vereidigung aller vernommenen Zeugen. Der Verteidiger und die Angeklagte verzichteten auf die Vereidigung der Zeugen Löser, Lungwitz und Georgius. Da die Zeuginnen Helbig und Dangriess ohnehin fehlten, sah der Vertreter der Staatsanwaltschaft von deren Vernehmung ab. Auf Beschluss blieben daher die Zeugen Georgius und Lungwitz unvereidigt. Ebenso blieb die Zeugin Schmidt auf Beschluss unvereidigt, weil der Verdacht einer Straftat in Bezug auf denselben Sachverhalt bestand, der Gegenstand dieses Verfahrens war.[40]

Nach der Befragung der einzelnen Zeugen fragte der Vorsitzende die Angeklagte, ob sie etwas zu erklären oder zu erwidern habe. Das Gericht schloss daraufhin die Beweisaufnahme. Der Vertreter der Staatsanwaltschaft, die Angeklagte und ihr Verteidiger erhielten das Wort für ihre Erklärungen.[41]

---

[38] Vgl. BStU, MfS, BV Karl-Marx-Stadt, C ASt 20/48, Strafakte 1/2.

[39] Zitiert nach ebd.

[40] Vgl. ebd.

[41] Ebd.

Der Vertreter der Staatsanwaltschaft beantragte, die Angeklagte als Minderbelastete einzustufen, da sie nach dem 1. Januar 1919 geboren sei und somit nicht zur Gruppe der Hauptschuldigen gehöre. Dennoch sei sie als Belastete anzusehen, ohne jedoch ein verwerfliches oder brutales Verhalten an den Tag gelegt zu haben und ihre Persönlichkeit sei so gefestigt, dass eine Bewährungszeit infrage komme. Ebenso sei der Angeklagten die damit verbundene Sühneleistung aufzuerlegen und unter die Amnestieverordnung Nr. 43 zu stellen.[42]

Abschließend beantragte der Verteidiger, die Angeklagte freizusprechen und im Falle einer Verurteilung als Minderbelastete in den Anwendungsbereich der Amnestie einzubeziehen, eine mögliche Freiheitsstrafe voll auf die erlittene Untersuchungshaft anzurechnen und den gegen sie erlassenen Haftbefehl aufzuheben. Die Angeklagte hatte das letzte Wort. Sie gab keine Erklärung ab.[43]

Der Vorsitzende verkündete daraufhin das Urteil. Die Angeklagte wurde als Minderbelastete eingestuft und einer Bewährungsfrist von zwei Jahren unterworfen. Während dieser Zeit war es ihr untersagt, ein Unternehmen als Eigentümerin, Teilinhaberin oder Bevollmächtigte zu leiten oder zu beaufsichtigen oder zu kontrollieren oder ein Unternehmen oder eine Beteiligung daran ganz oder teilweise zu erwerben. Ebenso war es ihr nicht gestattet, als Lehrerin, Predigerin, Redakteurin, Schriftstellerin oder Rundfunkkommentatorin tätig zu sein. Sie trug die Kosten des Verfahrens. In der Urteilsbegründung hieß es:[44]

---

[42] Vgl. BStU, MfS, BV Karl-Marx-Stadt, C ASt 20/48, Strafakte 1/2.

[43] Ebd.

[44] Ebd.

»Die 1921 in Köln-Lindenthal geborene Angeklagte Eßmann, von Beruf kaufmännische Angestellte, ist die Tochter eines Kaufmanns. Nach dem Besuch der Volks- und Mittelschule trat sie in die kaufmännische Lehre [ein]. Die Angeklagte war nicht Mitglied der NSDAP. Sie ist deutsche Staatsangehörige und nicht vorbestraft. Sie besitzt kein Vermögen. Seit dem 9. Dezember 1947 befindet sie sich in Untersuchungshaft.

Die Angeklagte war seit 1941 in dem Rüstungsbetrieb ›Mechanik‹ in Rochlitz als Kontoristin tätig. Im September 1944 wurde in diesem Betrieb ein Konzentrationslager für 200 ungarische und polnische Jüdinnen eingerichtet. Zur Leiterin des Lagers wurde die Angeklagte als SS-Helferin verpflichtet, nachdem sie zusammen mit siebzehn Arbeiterinnen für vier Wochen zur Ausbildung nach dem Konzentrationslager Ravensbrück entsandt worden war. [Als Lagerführerin bestrafte sie in einigen Fällen Häftlinge, die Mitgefangene bestohlen oder ihre Notdurft an einem unpassenden Ort verrichtet hatten, mit Strafstehen im Freien oder dem Entzug des Mittagessens.] Sie ordnete an, dass das entzogene Essen den Betroffenen nachgeliefert werden sollte, kontrollierte aber nicht, ob dies auch geschah. Andererseits ließ sie auch in einem Falle eine im Freien stehende Gefangene wieder wegtreten, als es zu regnen begann, und in einem anderen Falle, als auf Anordnung von anderer Seite alle 200 Häftlinge sonntags strafestehen mussten, machte sie diese Anordnung rückgängig. Sie bemühte sich auch um sanitäre Hilfsmittel und etwas notdürftige Kleidung für die aus dem Lager Flossenbürg vollkommen zerlumpt angekommenen Zwangsverschleppten. Diese glaubten, dass es ihnen in anderen Lagern noch schlechter ergehe, sodass sie bestrebt waren, sich in diesem Lager zu halten.

Diese Feststellungen beruhen im Wesentlichen auf dem insoweit glaubhaften Geständnis der Angeklagten, im Übrigen auf den Aussagen der nach Verzicht der Prozessbeteiligten aufgrund entsprechenden Gerichtsbeschlusses gemäß § 61 Ziff. 6 StPO, unvereidigt vernommenen, glaubwürdigen Zeugen Lungwitz und Georgius und insoweit glaubwürdigen Aussagen der Zeugin Schmidt, von deren Verteidigung wegen Verdachts einer strafbaren Handlung hinsichtlich derselben Tatsachen, die den Gegenstand dieses Verfahrens bilden, abgesehen worden ist.

Wenn sich die Angeklagte damit verteidigt hat, dass sie zu der Tätigkeit als SS-Helferin und Lagerführerin ohne ihr Zutun, ja sogar gegen ihren Willen, dienstverpflichtet worden sei, so konnte ihr dieses Vorbringen nicht widerlegt werden. Obschon die zwangsweise Verschleppung ausländischer Staatsangehöriger aus rassischen oder politischen Gründen geradezu als Schulbeispiel für Völkerrechtswidrigkeit bezeichnet werden muss, war jedoch in der Art der Behandlung der Verschleppten durch die Angeklagte eine solche nicht zu erblicken. Andererseits war nicht zu verkennen, dass die Angeklagte, die im Allgemeinen gesundheitlich und ordnungshalber Maßnahmen in maßvoller Weise durchführte, sich einige Entgleisungen zuschulden kommen ließ. Die Verhängung der Lagerstrafe, des Stehens im Freien, insbesondere aber die Entziehung von Essen bei der ohnehin völlig unzureichenden Ernährung der Häftlinge waren als Unterdrückungsmaßnahmen im Sinne des Ar. III A I Ziff. 2 der Kontrollratsdirektive Nr. 38 anzusehen, sodass die Angeklagte, die nach dem 1. Januar 1919 geboren ist, deren Gesamtverhalten nach der Auffassung der Großen Strafkammer auch nicht als brutal und verwerflich zu bezeichnen war und deren Persönlichkeit eine Bewährung erwarten lässt, als Minderbelastete im Sinne des Abschn. II Art. IV, II Ziff. 1 der Direktive Nr.

38 zur Verantwortung zu ziehen und den Sühnemaßnahmen des Art. I dieser Direktive zu unterwerfen war.«[45]

Der Vorsitzende gab den Gerichtsbeschluss bekannt, wonach das Verfahren gegen die Angeklagte auf der Grundlage des Amnestie-erlasses Nr. 43 einzustellen und der gegen die Angeklagte erlassene Haftbefehl aufzuheben sei, da die Gründe für den Erlass des Haft-befehls nicht mehr bestünden.[46]

Der Vorsitzende beendete die Sitzung und ließ die Angeklagte zur Entlassung aufrufen. Die anderen Teilnehmer verließen den Sitzungssaal. Am selben Tag um 15:00 Uhr kam Eßmann aus der Untersuchungshaft frei.[47]

Einen Tag später legte die Staatsanwaltschaft Chemnitz Revision gegen das Urteil ein und beanstandete in ihrer Begründung vom 26. April 1948 vor allem die Einstellung des Verfahrens ohne Anhö-rung der Amnestiekommission. Die Staatsanwaltschaft hegte daher Zweifel, ob das Gericht überhaupt in der Lage war, das Verfahren einzustellen. Am 28. Mai 1948 beschloss die Kommission dann einstimmig, die Amnestie anzuwenden. Kurze Zeit später zog die Staatsanwaltschaft die Revision zurück.[48]

Am 4. November 1948 beschloss die Staatsanwaltschaft, die Verwal-tungsvorgänge in diesem Verfahren mit rechtskräftigen Anordnun-gen und Feststellungen zu beenden. Am 25. November 1948 erging der Beschluss, der die weiteren Auflagen bestätigte:

---

[45] BStU, MfS, BV Karl-Marx-Stadt, C ASt 20/48, Strafakte 1/2.

[46] Ebd.

[47] Ebd.

[48] Ebd.

1. Keine Strafverfolgung, da die Amnestie galt.
2. Amnestiefrage galt als geklärt.
3. Die Verurteilte erhielt hierüber eine Mitteilung.
4. Der Fall ging in die Statistik ein.
5. Eine Mitteilung erging an das Strafregister in Köln [in dem Heimatort].
6. Mitteilung
   a) über das Kriminalamt Chemnitz an die zuständige Kriminaldienststelle Rochlitz.
   b) an den Kreisrat Rochlitz
7. Der Kostenansatz unterblieb aufgrund der Amnestie.
8. Es entstanden keine Kosten aufgrund der Amnestie.[49]

Nach ihrer Verurteilung und den auferlegten Sühnemaßnahmen dürfte Marianne Eßmann in Rochlitz gesellschaftlich isoliert gewesen sein. Ihr Ruf war derart beschädigt, dass eine Rückkehr in ihre vorherige kaufmännische Laufbahn nahezu unmöglich schien. In dieser Situation entwickelte sich eine Beziehung zu Hans Heinz Schiefer, dem Kreissekretär der LDPD, die am 4. Juni 1949 in Rochlitz mit ihrer Heirat und der Annahme seines Namens ihren Höhepunkt fand. Noch im selben Jahr begann das Ehepaar Schiefer, seine Zukunft neu zu planen, und gegen Ende 1950 siedelten sie nach Köln über, wo sie im Stadtteil Ehrenfeld ein neues Leben aufbauten. Marianne Schiefer, geborene Eßmann, fand allmählich wieder Zugang zu ihrer beruflichen Vergangenheit und nahm ihre Tätigkeit als Sekretärin auf.[50]

---

[49] Vgl. BStU, MfS, BV Karl-Marx-Stadt, C ASt 20/48, Strafakte 1/2.

[50] Vgl. ADL, Bestand LDPD-Kreisverband Rochlitz, 13301, in Kombination mit dem Zweitregister der Sterbeurkunden, Nr. 3058/1973 Köln-West, LAV NRW.

Im Dezember 1962 stellte Wilhelm Eßmann, der Vater von Marianne Eßmann, einen Antrag auf Familienzusammenführung mit seiner Tochter. Zu diesem Zeitpunkt war er bereits Rentner und hatte seine Tätigkeit als Kaufmann beendet. Seine Frau und sein Sohn lebten bereits in der Bundesrepublik Deutschland. Als Gründe für seinen Wunsch, die Sowjetische Besatzungszone (SBZ) zu verlassen, nannte er die unzureichende Altersvorsorge, die Verschlechterung des Gesundheitszustands seiner Frau sowie den Verlust politischer Freiheiten. Nach Erhalt der Aufenthaltserlaubnis lebte er vorübergehend bei seiner Tochter und deren Ehemann, dem Ehepaar Schiefer.[51]

Marianne Schiefer verschwand nach ihrer Heirat und Übersiedlung in die »Westzone«[52] in der Anonymität. Auf diese Weise kehrte sie unbehelligt ins bürgerliche Leben zurück. In der »Bundesrepublik«[53] gab es nie einen Fall Marianne Eßmann. Nach einem unauffälligen Leben starb sie am 10. Oktober 1973 in der Universitätsklinik in der Joseph-Stelzmann-Str. 9 in Köln.[54] Sie wurde nur 52 Jahre alt.

---

[51] Vgl. ADL, Bestand LDPD-Kreisverband Rochlitz, 13301.

[52] Im historischen Kontext.

[53] Ebd.

[54] Vgl. LAV NRW, Zweitregister der Sterbeurkunden, Nr. 3058/1973, Köln-West.

Abb. 22: Marianne Eßmann, Aufnahme aus dem Jahr 1972

Schlussteil

Marianne Eßmanns Rolle im NS-System ist komplex und vielschichtig. Im Gegensatz zu vielen anderen SS-Aufseherinnen zeigte sie keine ausgeprägten sadistischen Tendenzen, was darauf hindeutet, dass ihre Motivationen möglicherweise nicht in einer ideologischen Übereinstimmung mit dem Nationalsozialismus lagen. Stattdessen könnte ihr Hauptmotiv darin bestanden haben, ihre kaufmännischen Fähigkeiten und Berufserfahrungen zu bewahren, da sie eine gute Schul- und Berufsausbildung hatte, die sie von vielen anderen jungen Frauen in Rüstungsbetrieben oder angehenden Aufseherinnen abhob.

Diese Distanz zum NS-System wird auch durch die Tatsache unterstrichen, dass die Lagerbedingungen im KZ-Außenlager Rochlitz, wo Eßmann tätig war, von ehemaligen Häftlingen als »erträglich« im Vergleich zu anderen Lagern beschrieben wurden. Ihre Handlungen und Entscheidungen innerhalb des Systems hatten trotzdem Konsequenzen für die Häftlinge. Ihre Rolle als Aufseherin und die Umstände, die dazu führten, dass sie diese Position einnahm, sind ein interessantes Beispiel für die Komplexität individueller Motivationen und Handlungen im Kontext des Nationalsozialismus.

Eßmanns Führungsstil im Lager war von einer strengen und disziplinierten Haltung geprägt, die möglicherweise auf ihre berufliche Prägung zurückzuführen ist. Diese Eigenschaften führten dazu, dass sie von Häftlingen und Zeugen als streng, aber vergleichsweise zurückhaltend wahrgenommen wurde, insbesondere im Kontrast zu anderen Aufseherinnen aus Ravensbrück. Trotz ihrer Ausbildung in einem Umfeld, das von Brutalität und Sadismus geprägt war, zeigte Eßmann ein Verhalten, das sich von dem ihrer Kolleginnen unterschied. Ihre relative Zurückhaltung hob sie von dem Bild der typischen SS-Aufseherin ab, die oft durch extreme Brutalität auffiel.

Die Analyse des Prozesses legt nahe, dass die Bedingungen im KZ-Außenlager vergleichsweise erträglicher waren als in anderen Lagern. Die Tatsache, dass keiner der Häftlinge vor Gericht erschien, um über die Lagerbedingungen auszusagen, deutet darauf hin, dass die Insassen das Lager möglicherweise als vorübergehende Station auf ihrem Leidensweg betrachteten. Ihre Hoffnung auf Überleben durch den »Arbeitseinsatz«, auch wenn es sich um Zwangsarbeit handelte, schien die Angst vor Vernichtung in den Hintergrund treten zu lassen. Vor diesem Hintergrund schien die Härte der Lagerleiterin Eßmann für die Häftlinge keine dominierende Rolle zu spielen.

Die historische Bewertung von Eßmanns Rolle im NS-System erscheint möglicherweise zu nachsichtig, ähnlich wie der gerichtliche Freispruch. Es gibt Anzeichen dafür, dass sie in bestimmten Aspekten gegen die Genfer Konvention verstoßen haben könnte. Ihre Tätigkeit in einem Außenlager, wo sie einer geringeren Kontrolle unterlag, könnte dazu geführt haben, dass sie von der SS weniger streng überwacht wurde. Dennoch wurde sie von deutschen Zeugen, die nicht direkt von ihren Handlungen betroffen waren, als streng beschrieben. Dies lässt darauf schließen, dass Eßmanns Handeln von einer strikten Regelgebundenheit und der Bereitschaft zu strafenden Maßnahmen geprägt war, jedoch im Vergleich zu anderen Aufseherinnen als relativ gemäßigt betrachtet werden kann. Ihre Rolle im System war dennoch von Bedeutung und hatte Auswirkungen auf die Häftlinge.

Die Erinnerung an die Befreiung vom Nationalsozialismus und die Opfer des Krieges ist ein wichtiger Teil der deutschen Geschichte. In Rochlitz fand 2015 eine Gedenkveranstaltung statt, bei der Bürger der Stadt an der Muldenbrücke der Befreiungsschlacht und der Opfer gedachten. Die Veranstaltung war ein Zeichen dafür, dass die Stadt ihre Vergangenheit nicht vergessen hat und die Erinnerung an die Befreiung wachhalten möchte. Die Befreiung von Rochlitz durch amerikanische Truppen am 14. und 15. April 1945 markierte das Ende einer dunklen Periode in der Stadtgeschichte. Symbolisch für Befreiung und Neuanfang wurde die Muldenbrücke von den amerikanischen Truppen eingenommen. Gedenkveranstaltungen wie diese sind wichtig, um die Erinnerung an die Vergangenheit wachzuhalten und die Bedeutung der Befreiung für die Stadt und ihre Bewohner hervorzuheben.

Die »Vereinigung der Freunde Israels« in Sachsen organisierte einen »Marsch des Lebens« durch Rochlitz, um an die Zwangsarbeiter im Außenlager Rochlitz zu erinnern. Dieser Marsch endete an der Kreuzung Poststraße/Seminarstraße, wo am 15. April 2021 ein Gedenkstein enthüllt wurde. Die Oberbürgermeisterin und Jugendliche des Projekts »Zeitspringer« nahmen an der Einweihung teil. Der Gedenkstein aus Rochlitzer Porphyr symbolisiert die Verbundenheit mit der Heimat und die Spuren der Stadtgeschichte. Rund 200 Menschen nahmen an diesem Begegnungstag teil, der einen wichtigen Schritt in der Aufarbeitung der Vergangenheit darstellt. Durch diese Veranstaltung rückt der fast vergessene Tatort des KZ-Außenlagers Rochlitz, in dem Marianne Eßmann als Aufseherin tätig war, wieder in das Bewusstsein der Öffentlichkeit.

Quellenverzeichnis

Bildernachweis

Archivnachweis und sonstige Informationsquellen

1. KZ-Gedenkstätte Flossenbürg / Medienwerkstatt Franken, Ausschnitt aus dem Interview mit Agi Geva, 2013

2. Rochlitzer Geschichtsverein e. V.

3. Schriftenreihe des Sächsischen Staatsministeriums der Justiz, Karl Wilhelm Fricke, Band 8, 1998.

4. Bundesarchiv, Stasi-Unterlagen-Archiv (BStU), Berlin, MfS, BV Karl-Marx-Stadt, C ASt 20/48, Strafakte 1/2.

5. Archiv des Liberalismus (ADL), Gummersbach, Bestand LDPD-Kreisverband Rochlitz, 13301.

6. Landesarchiv NRW, Abteilung Rheinland, Duisburg, Zweitregister der Sterbeurkunden, Nr. 3058/1973, Köln-West.